LES

PAGANI ET LES PAGAN

ÉTUDE GÉNÉALOGIQUE

PAR

F. BREGHOT DU LUT

Membre de la Société littéraire, historique et archéologique de Lyon
Membre de la Société des Bibliophiles lyonnais

LYON
IMPRIMERIE MOUGIN-RUSAND
3, Rue Stella, 3
—
1886

LES

PAGANI ET LES PAGAN

LES

PAGANI ET LES PAGAN

ÉTUDE GÉNÉALOGIQUE

PAR

F. BREGHOT DU LUT

Membre de la Société littéraire, historique et archéologique de Lyon
Membre de la Société des Bibliophiles lyonnais

LYON
IMPRIMERIE MOUGIN-RUSAND
3, Rue Stella, 3

1886

LES PAGANI & LES PAGAN

Plusieurs familles du nom de Pagani (1) ont été puissantes pendant le x ^{e}, le xie et le xiie siècle, et comme chacune d'elles prétendait compter, parmi ses membres les plus illustres, Hugues de Pagani, un des fondateurs et grands-maîtres des Templiers, nous avons cru qu'il serait intéressant de publier leurs généalogies.

Nous espérons donc que ce travail sera de quelque utilité pour aider à résoudre le problème de la naissance et de la nationalité d'Hugues de Pagani, car nous devons l'avouer, de suite, ce problème est loin d'être résolu. Nous avons bien enregistré le plus impartialement possible les prétentions de chaque famille, mais il ne

---

(1) *Paganus, villageois*, et, dans la basse latinité, *païen*, se rencontre au Moyen-Age dans presque toutes les provinces de France, comme nom, prénom ou surnom. Les cartulaires, les polyptiques, les obituaires nous en fournissent de fréquents exemples pour toutes les classes de la société. Le prénom de Pagana était porté en 1152 par une sœur de Bernard Aton, vicomte de Nîmes. Les mahométans sont nommés *Pagani* dans les chroniques des croisades. Peut-être en Dauphiné cette désignation s'appliqua-t-elle aux Sarrasins d'origine ou aux partisans des Sarrasins. On rencontre des familles de ce nom en Touraine, à Toulouse, dans le Comtat, en Dauphiné, où ils possédèrent la coseigneurie de la Rochebaudin, enfin en Allemagne, en Piémont et à Naples. Poncius II Paganus, est évêque de Grenoble, de 1076 à 1079. (*Les Pagan et les Retourtour*, par M. A. de Gallier, Saint-Étienne, Chevalier, 1875.)

nous a pas été donné de découvrir une de ces preuves indiscutables dont malheureusement se souciaient trop peu certains historiens du xvi⁰ et du xvii⁰ siècle.

Nous ajouterons que l'histoire des familles Pagani et la comparaison prudente de leurs armoiries nous ont amené, peu à peu, à croire en une tige commune, d'où seraient sortis, comme autant de branches diverses, les Pagani de Mondovi, les Pagani de Naples, les Pagan d'Argental et les Pagan de Toulouse.

Mais là encore nous devons faire toutes réserves et nous ne pouvons indiquer notre opinion que comme une hypothèse.

Pagani de Mondovi.

Cette famille, originaire de la Haute-Italie, est citée par tous les historiens du Piémont comme une des plus anciennes de cette contrée ; son berceau est la vieille cité d'Auriate, aujourd'hui Vallaurie.

Auriate était le siège du comté d'Auriate, grand commandement militaire établi par Charlemagne. Les villes de Saluces et de Bargie, avec le pays de Mondovi, faisaient partie de ce comté.

Vers l'an 800, ces pays étaient ravagés par les incursions répétées des Sarrasins, Mores ou Païens, qui s'étaient même emparés de quelques châteaux isolés d'où ils pouvaient sûrement se jeter sur les contrées environnantes. La noblesse d'Italie alors se coalisa et résolut de résister à ces envahisseurs.

A cette époque un seigneur du pays de Mondovi, après de brillants faits d'armes et d'heureux combats contre les Sarrasins, reçut le surnom de Pagano (le payen, ou plutôt le vainqueur des payens). Telle serait, selon la tradition, l'origine du nom et de la famille des Pagani de Piémont. Lobera fait, en effet, remarquer que les nombreuses batailles livrées aux Sarrasins furent une occasion de gloire et d'illustration pour beaucoup de familles. (1)

---

(1) Lobera. *Di Mondovi dissertazione*. Mondovi, G. A. Rossi, 1791.

Sous la conduite de Guillaume, comte de Provence, la noblesse italienne s'empara du château-fort de Frassineto, dernier refuge des Sarrassins, et les chassa de l'Italie (942). Le comte Guillaume revint alors en Provence, emmenant avec lui plusieurs seigneurs italiens qui s'établirent dans ses États. Parmi eux se trouvait un Pagano, le fondateur, peut-être, des Pagan du Languedoc ou du Forez, dont il sera parlé plus loin.

Dès l'an 1030, la famille Pagana (1) est honorablement représentée à Auriate. Humbert-aux-Blanches-Mains, comte de Savoie et de Maurienne, fit, cette année-là, une donation considérable à l'abbaye de Cluny, et, au bas de la charte, que Muletti (2) donne en entier, noble Pagano a signé comme témoin.

Un autre membre de cette famille, probablement le fils du précédent, fut vicomte d'Auriate pour la princesse Adélaïde en 1080. Cette princesse était duchesse et marquise des Alpes-Cottiennes, depuis 1060, et ses États comprenaient le comté de Turin et le comté d'Auriate. Le comté de Turin avait pour vicomte, ou vice-régent, noble seigneur Erenzono et le comté d'Auriate avait pour vicomte (ou vicaire) noble seigneur Pagano. Ce dernier fut investi de son vicomtat le 10 mars 1080 (charte 88 du Cartulaire d'Oulx, fol. 102). Et, lorsque la princesse Adélaïde fit don au canonicat de Suze des décimes de cette ville, elle conféra, par l'acte de donation, le titre de juge du Sacré-Palais à Messire Pagano, vicomte d'Auriate, en le chargeant de percevoir les décimes au profit du canonicat. (3) Toujours en qualité de juge du Sacré-Palais, messire Pagano assiste, en 1085, à une cour de justice tenue sous la tente par la même princesse, dans la prairie de Saint-Vincent de Chieri.

Dans les rangs de la noblesse italienne, conduite aux croisades par Bohémond, prince de Tarente, se trouve un chevalier lombard,

---

(1) Suivant la coutume italienne, la famille se nomme « Pagana, » les membres de la famille « Pagani, » et l'individu « Pagano. »

(2) Muletti. *Storia di Saluzzo*. Saluzzo, Lobetti-Bedoni, 1833. (T. I, p. 208.)

(3) Muletti. *Ibid.* (tome I, page 261.)

nommé Pagano, il est cité par les historiens, à l'occasion de la prise d'Antioche par les Croisés. Le siège de cette ville (1097-1098) traînait en longueur, lorsque Bohémond apprit que l'émir de Mossoul s'avançait au secours d'Antioche, à la tête d'une armée considérable. Bohémond se hâta alors d'accepter les avances qui lui avaient été faites par un capitaine des forts d'Antioche, nommé Phirous. Ce traître, chrétien renégat, ayant à se venger du général musulmam qui défendait la ville, avait résolu de la livrer aux croisés; il promit donc à Bohémond de remettre en son pouvoir trois tours de la ville en échange d'une grosse somme d'argent. A l'heure indiquée, le prince de Tarente s'avance avec ses troupes au pied de la tour, dite des Trois-Sœurs, commandée par Phirous, et, sur l'ordre de Bohémond, Pagano monte à la tour par une échelle de cuir, que lui a jetée Phirous; celui-ci le reçoit, lui dit que tout est préparé, et, pour lui donner un témoignage de sa fidélité, il lui montre le cadavre de son propre frère qu'il avait égorgé, n'ayant pu l'entraîner dans son complot. A ce moment, un officier de la garnison vient visiter les postes, il se présente avec une lanterne devant la tour; sans laisser paraître le moindre trouble, Phirous fait cacher l'émissaire de Bohémond, et vient au-devant de l'officier. Il reçoit des éloges sur sa vigilance et se hâte de renvoyer Pagano avec des instructions pour le prince de Tarente. Le Lombard revient auprès de l'armée chrétienne, il raconte ce qu'il a vu, et conjure Bohémond de ne pas perdre un moment pour agir, ce qui fut fait. Soixante croisés montent par l'échelle de cuir. Phirous attache au rempart une seconde échelle, et indique une porte que les croisés enfoncent aussitôt. La ville fut ainsi prise, et Bohémond fut acclamé prince d'Antioche par tous les chefs. (1)

Ce chevalier Pagano qui prend part si vaillamment au siège d'Antioche serait des Pagani de Mondovi, et c'est lui qui, vingt ans plus tard, aurait fondé l'ordre des Templiers. Les généalogistes des Pagani de Mondovi connaissaient cette légende, mais il faut les féliciter de n'en avoir rien dit.

---

(1) Michaud. *Histoire des Croisades*. Paris, Furne, 1857. (Tome I, page 171.)

Nous devons aussi citer un autre Pagano, qui, après la prise de Jérusalem (1099), reçut de Godefroy de Bouillon la seigneurie de Caïphas. (1) Cette seigneurie relevait de la baronnie d'Acre et devait fournir au roi de Jérusalem sept chevaliers armés, suivis de leurs hommes d'armes. (2)

Ce n'est qu'à regret, et pour être complet, que nous parlons ici de ces deux nobles croisés, car nous croyons que ces attributions gratuites de personnages illustres, sans autres preuves que la tradition vaniteuse et la similitude du nom, déshonorent une généalogie au lieu d'en augmenter l'éclat.

Lobera croit que les Pagani furent du nombre de ces familles patriciennes d'Asti qui contribuèrent beaucoup à la fondation des Mondovi en 1090; (3) c'est vers cette époque que Vico (l'ancienne colonie romaine *Vicus*), devint Montevico et plus tard Mondovi.

En tout cas, jusqu'au XIVe siècle, les Pagani ont occupé dans cette ville les premières charges et ont toujours fait partie du conseil des patriciens. Ils possédaient aussi château et fief à Paganotti, petit bourg près de Villanova de Mondovi, et admirablement situé sur une colline d'où l'on jouit d'une vue très étendue. (4) Selon l'usage des grandes familles de cette époque ils avaient pris droit de bourgeoisie dans plusieurs autres villes importantes, comme Gênes,

---

(1) Michaud. *Ibid.* (Tome I, page 471.)

(2) Caïffa, ville de Syrie, au pied du Mont-Carmel et sur la Méditerranée, à 10 kil. S. de Saint Jean-d'Acre : « Khaïfa, qu'on doit prononcer *Haïfa*, est probablement l'ancienne *Scaminum* de Saint-Jérôme et d'Eusèbe. En 1100, Tancrède l'emporta d'assaut; après la bataille de Hattin, elle tomba entre les mains de Salah-el-din, et plus tard fit partie du pachalik de Saint-Jean-d'Acre. Cette ville est considérée à juste raison comme le port de Tibériade, dont elle n'est séparée que par deux journées de marche..... La végétation des jardins de Haïffa est presque la même que celle de l'Egypte ; l'on voit sur les flancs du Carmel de superbes bois de lauriers (*laurus nobilis*) et autour de la ville des plantations de palmiers. » — *La Syrie d'aujourd'hui*, par le docteur Lortet. Paris, Hachette, 1884.

(3) Lobera. *Ibid.*, page 68.

(4) Nallino. *Corso del fiume Pesio*. Mondovi, Andrea Rossi, 1788.

Alexandrie, Asti, Coni, etc.; (1) c'est pourquoi nous trouvons en 1142 noble Pagano, podestat de Carmagnola. Cette année-là, il assiste comme témoin à la donation de nombreux domaines faite par Manfredo, marquis de Saluces, et sa femme Eléonora, à l'abbaye d la Vierge Marie et de Sainte-Croix à Civittacule. (2)

Autre noble Pagano di Pietra-Santa, est podestat d'Asti en 1224. Il met fin à la guerre entre Asti et Saluces, et signe un traité de paix avec Manfredo III, marquis de Saluces. (3)

Le premier podestat d'Asti, élu le jour de Saint-Michel de l'an 1190, avait été Guido Landriani, milanais puissant. Il est donc à remarquer que le plus souvent les podestats étaient étrangers à la cité qu'ils gouvernaient. Les villes d'Italie qui se donnaient ainsi un maître prenaient beaucoup de précautions contre les abus que ce grand pouvoir pouvait amener. (Ce pouvoir presque absolu était confié pour un laps de temps variant entre un ou cinq ans.) L'élu devait prêter serment de ne jamais attenter à la liberté de la petite république qu'il était appelé à gouverner, défense lui était faite d'avoir avec lui aucun membre de sa famille, et tous ses parents étaient obligés de quitter la ville. Il ne pouvait être élu deux fois de suite, et un parent ne pouvait lui succéder. (4)

En 1334, nous retrouvons un Philippo Pagano podestat d'Asti, et gouvernant la ville comme vicomte du roi de Naples, suzerain de cette ville.

---

(1) En acceptant ainsi le privilège de bourgeoisie dans les cités voisines, la noblesse ne prenait pas rang de bourgeoisie. Ce n'était qu'un traité d'amitié qui pouvait se rompre facilement, ce qui arrivait souvent, et alors les nobles mécontents se cherchaient ailleurs des alliés. Souvent un noble était à la fois bourgeois de deux villes, mais, dans ce cas, il s'engageait, quoiqu'il arrivât, à ne jamais combattre pour l'une contre l'autre. Les villes acceptaient avec plaisir ces bourgeois honoraires qui leur apportaient leurs richesses, leur influence et surtout leurs vertus guerrières. (Voy. Léon et Botta, *Histoire d'Italie*, tome I, livre IV.)

(2) Muletti. *Ibid.* (Tome II, page 17.)

(3) *Notizie storiche profane della città d'Asti*, di G. Ardesco Molina. Asti, Francesco Pila, 1774. (Tome II, page 165.)

(4) *Histoire d'Italie*, Léon et Botta, tome I, livre IV.

Le 10 octobre 1210, par acte passé entre Manfredo II, marquis de Saluces, et le podestat de Mondovi, Jacobo Lancea Vetula, la ville de Mondovi se donne au marquis de Saluces, celui-ci, dans le même acte, nomme pour gouverneur de la ville Jacobo de Pagano.

En 1215, le même Jacobo de Pagano, assiste à la concession faite du territoire de Revello, par Guillaume Pilloso, seigneur de ce lieu, au marquis de Saluces. (1)

Tout permet de croire que Jacobo fut le père du Pagano, syndic de Mondovi, en 1236. Ce Pagano, avait été aussi podestat de Cuneo et de Savigliano; le 2 mai 1236, en qualité de mandataire de la ville de Mondovi, il conclut une alliance offensive et défensive avec la ville d'Alexandrie; c'est en souvenir de cela qu'il fut surnommé *il deputeo*.

Son frère, en tout cas son parent, Giovanni de Pagano, quittait Mondovi vers 1207 et venait s'établir à Gênes; d'anciens documents des Archives de Gênes le qualifient, en effet, de membre « de la très ancienne famille des Pagani, de Mondovi. »

Un descendant de Giovanni, Niccolò de' Pagani, était syndic de Gênes en 1317. Ambassadeur auprès de Usbak, empereur de Tartarie, Niccolò obtint de lui l'autorisation de fonder une ville sur les côtes de la petite Tartarie (Crimée). Ce fut Caffa, (2) qui devint une des plus importantes colonies génoises de l'Orient.

Niccolò de' Pagani avait épousé la fille de Bartholomeo Fregoso, (3) et c'est par son fils, Federico, que commence la filiation certaine de cette famille.

---

(1) Muletti. *Ibid.* (Tome II, page 166.)

(2) Voy. *Cariche del Piemonte*, tome III, page 253. — Caffa, construite sur les ruines de l'ancienne Théodosie des Grecs, est située sur le détroit qui relie la mer Noire à la mer d'Azoff (à 108 kilom. E. de Sébastopol). Cette ville fut très florissante par son commerce jusqu'en 1475; à cette époque, elle tomba au pouvoir des Turcs. Niccolò des Pagani aurait donné le nom de Caffa à cette nouvelle ville en souvenir de Caïphas, dont un de ses ancêtres avait été seigneur en Palestine. C'est là une étymologie que nous indiquons sous toutes réserves.

(3) La famille des Fregosi occupait un rang très élevé à Gênes. Dès le xiiie siècle ses luttes sanglantes avec les Adorni l'avait rendue célèbre. En 1373, Dominique

I

Federico des Pagani, citoyen de Gênes, fut revêtu des plus hautes dignités, sénateur, ambassadeur et enfin doge.

C'est auprès de l'empereur d'Allemagne, Charles IV, (1) qu'il fut envoyé en ambassade par les Génois.

Les circonstances dans lesquelles il fut nommé doge sont très dramatiques. La ville de Gênes était depuis longtemps en proie aux dissensions intestines, lorsque, en 1383, la guerre civile devenant de plus en plus cruelle, le doge Niccolò de Guarco dut, pour apaiser la populace, promettre un remaniement complet des impôts.

A cet effet, le doge réunit une commission de cent membres, composée d'un nombre égal de délégués de la noblesse et de délégués du peuple; cela ne put calmer les séditieux, et, le jour de Pâques, la ville fut de nouveau bouleversée et ensanglantée.

Le doge réunit alors une nouvelle commission de huit membres, auxquels l'on conféra le pouvoir de donner une nouvelle constitution, un des huit était Federico de' Pagani.

Cette commission *delle Provizzioni* obtint des révoltés quelques jours de répit; mais le doge s'étant enfermé dans le Palais ducal avec ses partisans et ses soldats, le peuple crut à une trahison, et, lorsque les huit commissaires voulurent se rendre au Palais pour s'entendre avec Niccolò de Guarco, le parti populaire s'y opposa.

Fregoso fait, pour la ville de Gênes, conquête de l'île de Chypre. Quinze Fregosi ont été doges de Gênes, et l'un d'entre eux, Baptiste Fregoso, a laissé divers ouvrages parmi lesquels il faut citer : un *Traité contre l'amour* (Milan 1496); les *Actions mémorables* (Milan 1509) et une *Vie du pape Martin V*. — Paul Fregoso, mort à Rome, en 1498, fut cardinal-archevêque de Gênes. Frédéric Fregoso, archevêque de Salerne, fut titulaire, vers 1522, de l'abbaye de Saint-Bénigne de Dijon. En 1528, André Doria, devenu maître de sa patrie, exile les Fregosi et change le nom de ceux qui restent en les agrégeant à la puissante famille des Fornari.

(1) Charles IV, empereur d'Allemagne, monté sur le trône, en 1347, mourut à Prague, en 1378.

La guerre civile éclatait donc de nouveau.

Le Palais ducal est assiégé, et le doge n'échappe à la mort qu'en fuyant secrètement avec ses deux frères.

Le peuple, assemblé dans ses quartiers et enrégimenté en corporations, décerne le titre de doge à Antonetto Adorno ; et, de son côté, la noblesse choisit Federico Pagano (3 avril 1383), qui était par sa mère, une Fregoso, ennemi né des Adorni.

Bientôt Antonetto Adorno est obligé de se démettre, le calme se rétablit, et, pendant quelques mois, Federico fut seul doge de Gênes ; mais, devant des menaces d'émeutes et de ruines, cédant à la douceur de son caractère et à son désir d'éviter à Gênes de nouvelles calamités, Federico abdique le pouvoir suprême, et Leonardo da Montalto est élu doge (fin de 1383). (1)

Federico quitte alors la ville de Gênes et vient s'établir à Mondovi, où nous le trouvons en 1390. Les Pagani avaient habité Gênes pendant près de deux siècles, de 1207 à 1390, mais Mondovi était toujours pour eux la patrie plus chère, la patrie des ancêtres.

Du reste, la famille Pagana était dignement représentée à Mondovi, (2) et Federico y retrouva son parent Luchino de' Pagani, jurisconsulte éminent et syndic de Mondovi.

Luchino était l'ambassadeur de la ville de Mondovi auprès des puissances voisines. Le 1er août 1394, plénipotentiaire de Mondovi, il signe un traité avec le marquis Théodore de Montferrat ; le 13 juillet 1396, il intervient dans l'acte de cession de la ville de

---

(1) Foglietta, *Histoire de Gênes*, livre IX, pag. 439.) *Histoire des Révolutions de Gênes*, tome I, pag. 191.)

(2) Se rattachent, sans doute, aux Pagani de Mondovi, les trois personnages suivants : — 1° Pagano, notaire impérial à Solere, ville du marquisat de Saluces. En 1256, il reçoit l'acte réglant plusieurs différends entre le syndic d'Albe, les marquis de Caretto, de Ceva et de Saluces (voy. Lobera). — 2° Messire Pagano, préposé à l'église de Saint-Gaudens ; il assiste à l'assemblée tenue à Novare, le 21 juin 1267, pour prononcer sentence d'excommunication contre Tommaso 1er de Saluces et Guigliemo de Montferrat (voy. Muletti). — 3° Anselmetto Pagano, chef de la police du quartier de Borgoglio, en la ville d'Alexandrie, vers 1301 (voy. G. Ghilini).

Mondovi, faite par le marquis de Montferrat à Amédée de Savoie, prince d'Achaïe et frère d'Amédée VIII, comte de Savoie; en 1397, il se rend en députation auprès du prince d'Achaïe; et, le 26 avril 1404, ambassadeur à Gênes, il conclut un traité avec la sérénissime République.

Luchino est une des gloires de la famille des Pagani, mais les arbres généalogiques, tout en le mentionnant, n'indiquent pas quel degré de parenté il y avait entre lui et Federico. (1)

De son mariage avec Argentina Ceba (2) Federico de' Pagani eut deux fils et deux filles :

1° Niccolò Pagano, qui suit :

2° Ambrosio Pagano; il hérita de son père avec les fils de son frère aîné et mourut sans laisser postérité.

3° Petrina Pagano, mariée à Babilone Cibo.

La puissante et illustre famille Cibo descend de Calo-Jean Kubos, gouverneur de l'île et de la ville de Chio. Lorsque les Gênois s'emparèrent de Chio (1347), Kubos conserva la souveraineté avec le droit de haute justice. (3) Ses descendants prirent rang parmi les premières familles de Gênes, et un Cibo fut doge de cette ville.

---

(1) Un arbre généalogique du 4 septembre 1784 fait aussi mention, en marge, de Jacobo Pagano, jurisconsulte; il était probablement le fils de Luchino, mais cela est à prouver. Jacobo Pagano fut un de ceux qui furent chargés, en 1415, de composer le recueil des règlements et coutumes de la ville de Mondovi : *Statuti del Mondovi*. Dans un diplôme signé par le duc de Savoie, le 9 décembre 1419, Jacobo est qualifié *dominum Jacobum Paganum jurisperitum*, et, dans un autre diplôme, *venerabilem virum dominum Jacobum Paganum, legum doctorem*.

(2) Ceba ou Ceva, ancienne famille princière des marquis de Ceva, qui prétend descendre de l'antique race des Scipion, et porte de sable à la fasce d'or accompagnée de six besants de même.

(3) *Histoire universelle traduite de l'anglais*. Amsterdam et Leipzig, Arkstée et Merkus, 1773 (tome 35, page 258). Paul Folietta et Jean Le Laboureur font remonter les origines de cette famille à Gui Cibo, qui reçut, en 999, de l'empereur Othon, les terres de Montevarchi, Colorono et Laterina, situées en Toscane. Ces mêmes auteurs placent au cinquième degré, dans la généalogie, Lancfranc Cibo, consul de Gênes, en 1241.

Jean-Baptiste Cibo, après avoir été cardinal-évêque de Melfe, devint pape, en 1484, sous le nom d'Innocent VIII.

C'est de cette maison que sont sortis les ducs de Massa et princes de Carrara. Cibo porte : *de gueules à la bande échiquetée d'azur et d'argent de trois tires au chef d'argent à la croix de gueules.*

4° Bianchina Pagano, mariée à Aragone Savignone, de la famille des Fieschi.

La famille des Fieschi est célèbre. Sa conspiration contre les Doria, écrite en 1629, par Mascardi, lui a assigné une place dans l'histoire. Cette maison a donné à Gênes plusieurs amiraux, et à l'Église, deux papes : Innocent IV (Sinibalde Fieschi) et Adrien V. C'est Innocent IV qui, retiré en France, convoqua, en 1245, le Concile général de Lyon, dans lequel l'empereur Frédéric II fut excommunié. Ce pape habita Lyon six ans et quatre mois. Fieschi porte : *bandé d'argent et d'azur.*

II

Niccolò II de' Pagani, décédé avant son père Federico, eut trois fils et une fille :

1° Giovanni Pagano, qui suit.

2° Benedetto Pagano, marié à Tommasina Fregoso.

3° Barnaba Pagano, mariée à Mario Giustiniani.

La famille Giustiniani succéda aux Cibo dans la possession de l'île de Chio, qu'elle conserva jusqu'à ce qu'elle leur fut enlevée par Soliman, en 1566. Cette famille a donné sept doges à la République de Gênes.

Giustiniani porte : *De gueules, à la tour d'argent, au chef d'or chargé d'une aigle de sable naissant.*

4° Gio Nicolao Pagano, marié à Maria de' Franchi.

La famille opulente des Franchi est originaire de Gênes. Six membres de cette famille y ont été doges. Le nom de Franchi n'est point un vrai nom de famille, il ne devint tel qu'après la création des alberghi, (1) en 1393. Cette maison fut formée par la réunion de plusieurs familles populaires. Elle porta d'abord : *D'or, au faucon au naturel;* ensuite : *De gueules, à trois couronnes d'or;* et, plus tard, on y ajouta un *chef de Gênes.*

Gio Nicolao Pagano eut trois filles :

a. Caterina de' Pagani, mariée à Francesco Adorno.

La famille Adorno, que nous avons déjà citée, a donné dix doges à la République de Gênes.

Adorno porte : *D'or à la bande échiquetée, à trois rangs, d'argent et de sable.*

b. Bartolomea de' Pagani, mariée à Bartolomeo Montaldo.

Montaldo, famille populaire Génoise. Un de ses membres fut doge de Gênes.

c. Genebrina de' Pagani, mariée à Giovanni de' Franchi.

III

Giovanni de' Pagani, héritier de son grand-père Federico, eut deux fils :

1° Lodovico ou Lodiscio de' Pagani, qui suit.

2° Beltramo Pagano, jurisconsulte habile. Il remplit honorablement plusieurs charges importantes à la Cour de Savoie. Le 7 février 1426, Beltramo Pagano dut faire preuve de sa descendance de Niccolò I di Pagano, syndic de Gênes, pour le fief de Malpotremo, (2) que le duc Amédée VIII lui octroyait, en récompense de ses services, lors de l'annexion du marquisat de Ceva.

---

(1) Alberghi ou casati (familles, maisons, races); les principales familles de Gênes, même celles d'origine bourgeoise, unies par les liens du sang, ou seulement par les mêmes intérêts, formaient des associations qu'on peut appeler des corporations de noblesse dénommées alberghi. Ces alberghi étaient au nombre de 28 et Zazzera en parlant des Pagani de Gênes renvoie à l'albergho et chapitre des Fieschi.

(2) Malpotremo, fief du marquisat de Ceva, dans la vallée du Tanaro.

IV

Lodovico ou Lodiscio de' Pagani, jurisconsulte, conseiller (1) et familier du duc de Savoie Amédée VIII, contribua aux actes sages du gouvernement de ce prince, qui était lui-même le conseiller des plus puissants monarques de l'Europe.

Lodovico accompagna Amédée VIII à Thonon, et assista à la réception magnifique que ce prince fit au duc de Bourgogne.

Plusieurs actes du cartulaire de Monti di San-Giorgio, près Gênes, font mention, en 1416 et 1417, des deux frères Lodovico et Beltramo Pagani de Mondovi (*fratelli de Paganis de Monteregali*). Monti appartenait en effet à Lodovico, et cette terre était dans sa famille depuis Federico, le doge de Gênes.

Lodovico ou Lodiscio Pagano eut cinq enfants :

1° Gio Marco de' Pagani était le fils aîné de Lodovico. Il mourut sans laisser de postérité. Son frère, Gio Luchino, fut son héritier.

2° Gio Luchino de' Pagani, qui suit.

3° Gio Nicolao Pagano, docteur en droit, « egregius legum doctor dominus, Joannes Nicolaus Paganus. »

4° Zenevira ou Zénobie de' Pagani, mariée à Manuele della Valle, d'une famille notable de Mondovi.
Della Valle porte : *D'or à trois pals de gueules.*

5° Caterina de' Pagani, mariée à Francesco Calderario.

Les Calderarii, d'Alba, ont été seigneurs de Erinzane, Borgone et autres lieux. Cette famille, éteinte au XVIe siècle, portait : *De gueules à deux bandes d'or.*

---

(1) Son brevet de conseiller du duc de Savoie est du 10 janvier 1420..... « Sub annuo salario ducentorum florenorum parvi ponderis, et aliis commoditatibus, honoribus etiam et oneribus suo hujusmodi officio incumbentibus. »

V

Gio Luchino I de' Pagani, *Joannes Luchinus Paganus*, fils de feu *eximii legum doctoris Domini Ludovici*, nomme pour son mandataire son frère *Joannem Marcum Paganum*, à l'effet de vendre sa part indivise des biens situés dans la cité de Gênes, territoire de Saint-Georges, suivant acte reçu par Franchi, notaire à Mondovi, le 10 octobre 1452.

Gio Luchino n'eut qu'un fils :

Gio Michele de' Pagani, qui suit.

VI

Gio Michele I de' Pagani fut préteur de Peveragno, en 1508. Son arrière petit-fils, Luigi Pagano, obtint, le 26 mars 1614, une enquête, pour faire constater que les armes des Pagani étaient peintes sur la muraille de la maison commune de Peveragno. Au-dessous de ces armes, décrites dans le rapport des témoins délégués, et qui sont celles enregistrées le 29 mai 1614, se lisent les vers suivants à la louange de Gio Michele I :

> Insignis pietate Michaël ipse Joannes
> Paganus fuit unquam, quo nec justior alter
> Magnanimus proetor Peperagni uno fuit anno,
> Quem nobilem genuit mons inclitus ille regalis.
> Quatuor argenti hic pateris donatus abivit,
> Et populi multo semper comitatus amore.
> Post mille et quingentos octo si accipis annos
> Et viginti augusti lux est feria secunda.

« Jean Michel Pagan, homme d'une insigne piété, d'une justice incomparable, fut, pendant un an, le préteur magnanime de Peveragno. Il était d'une famille noble de la célèbre ville de Mondovi. Il reçut, en récompense de sa charge, quatre patères (plats) d'argent, et le peuple l'eut toujours en grande affection. Le lundi 20 du mois d'août de l'an quinze cent huit. »

Gio Michele I eut deux fils.

1° Gio Luchino II de' Pagani, qui suit.
2° Gio Battista Pagano.

Gio Battista Pagano, conseiller de Mondovi, marié à Giovannina N., eut un fils et une fille :

a. Prospero Pagano, gouverneur de Mulazzano, qui suit.

b. Laura de' Pagani, mariée, le 18 février 1572, à noble Cristoforo Perlasco, fils de Gio Antonio Perlasco, seigneur de Montaldo.

La famille Perlasco, originaire de Mondovi, porte : *D'or à la plante de sinople fleurie d'une fleur de pourpre.*

Prospero Pagano eut deux fils :

1° Virgilio Pagano, qui fut successivement gouverneur d'Asti et de Mondovi, lieutenant du sergent-major-général de l'armée, et lieutenant et sergent-major de la citadelle de Turin.

Possivini (1) raconte que Virgilio fut chargé par le duc de Savoie de commander des troupes auxiliaires et de s'emparer de la ville d'Altare. Cette ville était au pouvoir des Mantouans. Virgilio s'avança pour l'investir, et, après s'être entendu avec le baron Adreo et Matteo Magliano, il rangea plusieurs compagnies sous les dehors d'une armée redoutable. Puis, donnant le signal de l'assaut, il prit la ville avec autant de rapidité que les Mantouans s'en étaient emparés. D'autres grands faits d'armes ont encore illustré Virgilio, entre autres la prise de Montiglio. (2)

Comme écrivain, il faut citer de lui :

La Milizia, del signor Luigi Mongomery, tradotta dal francese. Torino, pel Disserolio, 1612.

---

(1) Possivini. *Historia belli Montisfer.,* page 265.

(2) Le marquis de Saluces, dans son ouvrage très estimé, *Histoire militaire du Piémont,* 1820 (tome III, pag. 123 et autres), parle souvent avec éloge de Virgilio Pagani.

L'*Istoria delle prime guerre fatte contro il Monferrato dal Serenissimo duca Carlo Emanuele di Savoia*. Stampata in Torino, nel 1613. (1)

Nous avons dans notre bibliothèque : *Della guerra di Monferrato dal Sereniss. sig. Carlo Emanuele, duca di Savoia, per la ritenzione della Sereniss. principessa Maria, sua nepote*, di Virgilio Pagano, luogotenente della cittadella di Torino. Asti, Virgilio Zangrandi, 1614.

C'est Virgilio Pagano qui, le 29 mai 1614, fit attestation et présentation des armoiries de sa famille. Nous relatons cet acte en entier au chapitre VIII.

2° Giovanni Cesare Pagano, capitaine, marié à Maria Vivalda, fille de Giulio Cesare Vivaldo, capitaine et sergent-major de la citadelle de Turin, gentilhomme de bouche de S. A. et gouverneur de Cherasco.

Par son testament, en date du 5 avril 1625, Gio Cesare demande *che il suo corpo, fatto cadavere, fosse sepolto nella chiesa cattedrale di Mondovi, e nel monumento della famiglia de' signori Pagani*. Ses deux fils, Michel Prospero et Gio Battista, sont décédés sans postérité.

VII

Gio Luchino II de' Pagani.

Les Archives de Mondovi possèdent encore le protocole original des minutes reçues, de 1479 à 1484, par le notaire Giovanni Luchino Pagano.

Son fils Gio Michele II, qui suit, lui succéda dans la charge de notaire, et, sur le même protocole, il s'inscrivit : *Joannes Michaël Paganus, filius dicti Joannis Luchini Pagani*.

VIII

Gio Michele II de' Pagani, notaire à Mondovi. Il est cité avec

---

(1) Scrittori Piemontesi. Nuova compilazione di Onorato Derossi. Torino, Stamperia reale, 1790.

ses deux fils dans l'« attestation de présentation d'armoiries et admission d'icelles, » obtenues par son cousin Virgilio Pagano, en conformité de l'édit de Charles Emmanuel donné à Turin, le 4 décembre 1613.

Voici la traduction de cette pièce :

« L'an du Seigneur mille six cent quatorze, et le vingt-neuf mai, à tous soit manifeste que, ce jour, à Turin, par devant illustrissime et autres illustrissimes seigneurs, Argentero, comte de Cartignano, président, Zaffarone et Bergeria, référendaires, Cernusco, directeur des finances, et illustrissime Nicolis, auditeur de la Chambre des comptes, tous délégués de Son Altesse sérénissime pour l'exécution de l'édit sur les insignes et les armoiries, a comparu l'illustre seigneur Virgilio Pagano, citoyen de Mondovi, lieutenant du sergent-major général de l'armée, lieutenant et sergent-major de la citadelle de Turin pour S. A. S., lequel, tant en son propre nom qu'au nom des illustres seigneurs Prospero, son père, gouverneur pour ladite A. S. de Mulazzano, et Gio Cesare, son frère, satisfaisant ainsi à l'ordre de S. A. S., a présenté les armoiries ou insignes très anciennes et nobles de la famille Pagana de ladite cité de Mondovi.

« Ces armes sont : *Un écu d'argent avec une fasce de gueules (fascia di gueullis, o sia rosso), à trois têtes de Mores de sable, coiffées d'un tortil d'argent et posées deux en chef et une en pointe. Au-dessus de l'écu, un casque fermé, de profil,* (1) *orné de lambrequins pendants et volants. Sur le casque, un tortil aux couleurs de l'écu surmonté de l'ancien diadème royal (antiquo reggio diadema),* (2) *d'où sort le cimier, qui est un More vêtu de gueules, sable et argent, les manches d'or rayées aux couleurs de*

---

(1) Avant le xve siècle, le heaume, ou casque, se posait toujours de profil sur le haut de l'écu, et les règles qui marquaient le rang et le titre n'existaient pas encore.

(2) « L'ancien diadème royal rehaussé de douze rayons en pointe était la forme de la couronne de fer des rois Lombards. Les familles qui ont joui de quelque principauté et qui, cependant, ne sont pas princières, la portent dans leurs armes. » (*Promptuaire armorial* de Jean Boisseau. Paris, Olivier de Varennes, 1657).

l'écu, et élevant de sa main droite une massue de fer. Au-dessous, la devise : *Ohimè ! se non si morisse.* (Malheur à moi! s'il ne meurt pas.)

« Et les seigneurs Pagani ont déclaré qu'ils tenaient ces armes de leurs ancêtres, qu'ils en ont continuellement usé et en usent encore en toute occurrence et occasion, principalement pour leurs sceaux, peintures, sculptures, épousailles, processions et autres *onorande*, tant en public qu'en particulier, librement et sans aucune contradiction, cela depuis un temps immémorial, sans que par mémoire d'homme vivant on puisse établir le contraire. Par conséquent, ils demandent l'admission desdites armoiries et de leur déclaration, pour que eux et leurs descendants puissent continuer à en jouir sans difficulté. Ils demandent aussi que leurs armoiries soient enregistrées et décrites, conformément à l'Edit de son A. S., et que du tout soit fait attestation.

« Ils déclarent aussi que : ont usé des mêmes armes et pourront en user encore messires Luigi et Bartolomeo, frères et fils de feu Gio Michele II, Gio Giacomo et Gabriel, père et fils, et Antonio, fils de feu Giuseppe, tous de la famille des Pagani de Mondovi ; et les susdits illustrissimes et très illustrissimes seigneurs délégués, ayant vérifié les armoiries ci-dessus présentées, les ont admises et admettent comme celles très anciennes et nobles de la famille **Pagana** de Mondovi.

« Déclarant que les susnommés père et fils et autres susdits sont autorisés à continuer l'usage de ces armes, mandant qu'elles soient enregistrées et décrites dans le livre de S. A. R., et accordant l'attestation demandée pour les susdits seigneurs délégués illustrissimes. » Signé : « Massardi, secrétaire. »

Les deux fils de Gio Michele II sont :

1° **Luigi Pagano**, dont :

Gio Antonio Pagan, avocat, décédé sans postérité.

2° **Bartolomeo Pagano**, qui suit.

IX

Bartolomeo Pagano. (Son acte de baptême est du 7 novembre 1574, paroisse de l'église cathédrale de Mondovi.) Il eut deux fils :

1° Gabriel Pagan, légataire de Virgilio Pagano. Il hérita aussi des deux fils du capitaine Gio Cesare.

2° Gio Michele III, qui suit.

X

Gio Michele III Pagan. D'abord avocat à Mondovi, il vint s'établir à Carrù, où il épousa, le 3 août 1642, Francesca Maria Ricca, fille de feu noble Lorenzo Ricca de Carrù. Son testament est daté de Carrù, le 29 nov. 1675.

Nous notons ici, avec l'arbre généalogique, que, pendant près de rois siècles, la famille des Pagani a servi avec honneur et fidélité la maison de Savoie.

Gio Michele III eut trois fils :

1° Donato Lorenzo Pagan, avocat, décédé sans postérité.

2° Carlo Antonio Pagan, qui suit.

3° Luigi Maria Pagan, était notaire ducal à Mondovi en 1679. Il épousa Marianne Rosseau, fille de Jean Rosseau, conseiller d'Etat et secrétaire de son A. S.

Dont :

Lodovico Amedeo Pagan, adjudant de chambre de S. M., marié à Adelaïde Margherita Chiarnetta, en 1740, eut sept enfants, comme il le dit lui-même dans une lettre adressée à son cousin, *Julien Alexandre Pagan, à Lyon.*

Cette lettre, sans date, et qui doit être de 1750 environ, est intéressante en ce qu'elle nous entretient des recherches généalogiques que faisait déjà Carlo Vittorio (le fils aîné de

Lodovico Amedeo). Ces recherches lui ont permis, plus tard, d'établir la filiation avec preuves des Pagani de Mondovi. Voici des extraits de cette lettre :

« Monsieur et très cher cousin (amatissimo signor cugino), lorsque mon fils fut, cet automne, à Mondovi, pour recueillir quelques notes sur les origines de la famille Pagan, et il a réussi à en trouver, il lui fut dit par M. le comte Clerc de Bas qu'il avait à Lyon un sien cousin, M. Pagan, qui lui avait montré diverses pièces glorieuses (diversi gloriosi monumenti), prouvant l'antique noblesse de notre maison..... Mon fils l'avocat (Carlo Vittorio), étant sur le point d'obtenir de S. M. une charge honorifique, désirerait prouver que notre maison est plus ancienne qu'on ne le croit, et cela est si vrai qu'il a déjà trouvé des choses très honorables, et, entre autres, que, dans le XIe siècle de l'Église, un certain Hugues Pagan fonda l'Ordre des chevaliers Templiers, les premiers chevaliers du monde, et aussi que, vers l'an 1200, notre famille, qui venait habiter à Mondovi, était patricienne d'Asti..... »

Lodovico Amedeo termine en priant Julien Alexandre de lui communiquer ses papiers de famille lui en promettant le prompt et fidèle retour. Cette lettre est en italien.
Les sept enfants de Lodovico Amedeo sont :

1° Carlo Vittorio Pagan, avocat, intendant pour Sa Majesté de la ville et province de Pignerol.
Nous avons deux lettres de Carlo Vittorio. La première, datée de Turin, le 30 avril 1755, est adressée à *Monsieur Pagan, à la Haute Grenette, Lyon*. Les relations s'étaient établies entre les deux branches, et il est question d'une affaire dont s'était chargé Lodovico Amedeo pour Julien Alexandre, et qui n'avait pu aboutir.
Carlo Vittorio termine ainsi : « Monsieur le duc de Montferrat, fils cadet de S. A. R. le duc de Savoie, vient de tou-

cher au terme fatal. Le reste de cette royale famille se porte bien. » L'écriture et le style de cette lettre, écrite en français, nous font croire que Carlo Vittorio avait à cette époque une vingtaine d'années.

La seconde lettre de Carlo Vittorio, écrite en français et datée de Pignerol, le 6 juillet 1797, est adressée à *Monsieur le citoyen Pagani, à Villefranche en Beaujolais, département du Rhône.* (Alexandre Marie Pagani, petit-neveu de Julien Alexandre.)

Carlo Vittorio, toujours curieux de ce qui peut l'éclairer sur les origines et les gloires de sa famille, a appris, par un prisonnier de guerre revenu en Piémont, qu'un M. Pagan, à Villefranche, possédait les armoiries et des papiers honorifiques concernant la famille des Pagani. Carlo Vittorio vient donc lui demander de lui communiquer ces pièces précieuses, et il indique minutieusement à Alexandre-Marie une voie sûre pour le voyage de ces documents. (1) Carlo Vittorio Pagan eut un fils dont son grand' père écrivait : « Il signor avvocato Pagan ha un figliolo che colla vivacità del suo ingegno e altre riguardevoli qualità promette molto di sè. »

2° Teodoro Amedeo Pagan, adjudant de Chambre de

---

(1) A deux reprises différentes les trois frères Pagani, Carlo Vittorio, Teodoro Amedeo et Giuseppe Maria, déposèrent aux archives de la Cour des comptes de Turin l'arbre généalogique de leur famille avec preuves à l'appui. Nous avons entre les mains une copie légalisée de ces pièces ainsi que les procès verbaux de dépôt et de vérification. Le premier arbre, enregistré le 25 août 1780, donne pour auteur commun messire Pagano, syndic de Mondovi, vivant en 1236. Le second arbre, enregistré le 4 septembre 1784, remontant à une époque plus reculée, fait descendre le syndic de Mondovi du seigneur Pagano, vicomte d'Auriate, en 1080.

En même temps qu'ils déposaient le premier arbre, les trois frères firent imprimer les extraits des actes présentés comme preuves. Voici le titre de cette brochure qui nous a été communiquée : *Ristretto degli atti vertiti nanti l'eccellentissimo R. Senato e dei documenti in essi prodotti per la verificazione ed approvazione dell' albero genealogico della famiglia Pagana, originaria della città di Mondovi. Torino presso Giammichele Briolo, 1781.*

S. A. R. le prince de Piémont, né le 17 février 1731. Son parrain fut S. A. R. Victor Amédée Théodore, duc de Savoie, représenté par le comte Ottaviano della Rocca; sa marraine, S. A. R. Eléonore-Marie-Thérèse, princesse de Savoie, représentée par la baronne Teresa Dionisia di Valesa. Suivant lettres patentes de Victor Amédée, données à Turin le 2 mars 1781, Teodoro Amedeo est nommé *regio blasonatore*.

3° Giuseppe Maria Pagan, théologien et chapelain de S. M., né le 1ᵉʳ février 1736.

4° N. Pagan, religieux barnabite.

5° N. Pagan, frère augustin.

6° Orsola Maria Pagan, mariée, le 14 janvier 1739, à Enrico Sebastiano Massimini, avocat à Carrù, fils de Pierre Antoine Massimini, contrôleur à Carrù.

7° N. Pagan, qui, en 1750, était élevée au monastère du Crucifix, à Turin.

XI

Carlo-Antonio Pagan, troisième fils de Gio Michele III, épousa, à Carrù, Anna Villette, il en eut six enfants.

1° Lodovico-Francesco-Bartolomeo Pagan, qui suit :

2° Teresa-Lodovica Pagan, née à Carrù le 23 novembre 1677. Elle eut pour parrain Lodovico Solaro, marquis de Dogliani, et pour marraine Teresa d'Este, marquise de Dronero.

3° Vittorio-Antonio Pagan, né à Carrù le 23 décembre 1679, eut pour parrain Antonio Servani et pour marraine Margarita Scotta.

4° Giuseppe-Maria Pagan, né à Carrù le 24 août 1688, fut avocat à Coni. Il vint à Lyon en juillet 1710, pour assister aux noces de son frère Lodovico. Le 22 avril 1742, il écrivait de Coni à Lodovico qu'une fièvre maligne ravageait ce pays, « ne passant pas un jour qu'on n'ait des enterrements ; » il lui parle aussi du marquis de Chaumont, frère de l'évêque d'Annecy.

Son fils Carlo-Antonio-Maria Pagan, né le 21 avril 1739, habitait à Carrù en 1790.

5° Juliano-Alessander Pagan, né le 16 février 1691, vint se fixer à Lyon en 1715. Établi sur la paroisse de Saint-Nizier, il obtient, nous ne savons pour quelle cause, permission de se marier « en quelque lieu saint du diocèse de Lyon ; » et, le 2 octobre 1729, dans l'église de Brindas, il épouse Marguerite Alix, veuve de Claude de Lotz, bourgeois de Lyon, « en présence de Pierre-Emmanuel Chalom, capitaine chastelain dudit Brindas et de dame Marie Ymonet, son épouse. »
Par la lettre que lui écrivait Carlo-Vittorio en 1755 nous savons que Julien-Alexandre habitait à la Haute-Grenette. (1)
Il eut deux enfants :

a. Jean-François Pagan, né en 1730 et décédé le 28 juin 1734.

b. Françoise-Claudia Pagan, née à Lyon, paroisse de la Platière, le 7 juillet 1733.

6° Pietro-Maria Pagan, né en 1693 et décédé sans postérité.

XII

Lodovico-Francesco-Bartolomeo Pagan, fils de Carlo-Antonio Pagan, naquit à Turin, le 22 août 1686. Il fut baptisé en l'église de Saint-Eusèbe (*nunc* Saint-Philippe de Néri). Son parrain fut le marquis de Chaumont et sa marraine la comtesse Diana d'Argentera.

---

(1) « Grenette (rue de la), quartier des Cordeliers. Nommée auparavant rue des Albergeries (des auberges), elle prit le nom de rue de la Grenette, lorsque la maison de la halle aux grains, appartenant à l'archevêque, y fut établie. Elle se divise en deux parties *haute* et *basse*. » *Dictionnaire des rues de Lyon*, par C. Breghot du Lut. Lyon. Pélagaud. 1838.

En 1706, les Français, après avoir conquis tout le Piémont, vinrent mettre le siège devant Turin, (1) la seule place qui restât au duc de Savoie ; mais le Prince Eugène étant venu, sans obstacle, au secours de la ville assiégée, l'armée française dut battre en retraite.

La famille de Carlo-Antonio Pagan eut donc à souffrir toutes les horreurs de la guerre. Le pays était dévasté, le commerce ruiné et la fortune des particuliers compromise. C'est alors (1708) que Carlo-Antonio, sur les conseils de son ami le marquis de Chaumont, prit le parti d'envoyer à Lyon son fils Lodovico, espérant qu'il y rétablirait sa fortune. Du reste, les rapports entre Lyon et Turin étaient fréquents. Les deux villes avaient la même industrie, celle de la soie ; et les fabricants lyonnais commençaient déjà à s'adresser aux mouliniers piémontais, trouvant leur soie plus régulière et moins cassante que les soies de Chine et de l'Inde.

Lodovico devait trouver aussi à Lyon une colonie italienne, riche, honorée et conservant la tradition des anciens privilèges qui avaient été octroyés par la nouvelle patrie. Il fut, en effet, bien accueilli, et deux ans plus tard, en 1710, il était marchand fabricant d'étoffes d'or, d'argent et de soie.

Cette même année, il épouse en l'église de Notre-Dame de la Platière, (sa paroisse et celle de sa fiancée,) Eléonore Chavanis, (2) fille de Pierre Chavanis, bourgeois de Lyon, et d'Emerantianne Bossu. Le contrat de mariage est du 2 juillet 1710, et « noble Claude Brossette, (3) avocat en Parlement, cousin par alliance de l'épouse, » figure parmi les témoins.

---

(1) Les commencements de ce siège furent terribles. La ville fut bombardée et les murs battus à boulets rouges. Le grand nombre des assiégeants et la faiblesse apparente des assiégés ne laissaient entrevoir pour ces derniers aucune sorte d'espérance. Ils se défendaient néanmoins avec un courage héroïque. (*Histoire universelle* d'après l'Anglais. Amsterdam et Leipzig, chez Arkstée et Merkus. 1776.)

(2) Chavanis porte : *D'azur à la bande d'argent accompagnée de deux étoiles de même.* Cette famille très honorablement connue à Lyon est originaire de Cublize (Rhône). Elle compte parmi ses alliances les Gueydon de Meyré, Caquet d'Avaize, Reynard de la Rochette, Granjon, Falsan, Morand de Jouffrey et Regnauld de Bellescize.

(3) Claude Brossette, sieur de Varennes et de Rappetour, né à Theizé en

Lodovico eut douze enfants :

1° Louis Pagan, qui suit.
2° Françoise-Anne Pagan, née à Lyon le 8 janvier 1713.
3° Nicolas Pagan, né à Lyon le 7 juillet 1714.
4° Gaspard Pagan, né à Lyon le 1er juillet 1715.
5° Anne-Marie Pagan, née à Lyon le 29 juillet 1716.
6° Pierre Pagan, né à Lyon le 1er août 1719.
7° Angélique Pagan, née à Paris le 4 juin 1721, (paroisse Saint-Nicolas-des-Champs,) mariée à N. Chavanis.
8° Annette Pagan, née à Paris le 27 mai 1722 (paroisse Saint-Eustache).
9° Madeleine Pagan, née à Paris le 14 juin 1723 (paroisse Saint-Eustache).
10° André Pagan, né à Paris le 24 septembre 1724 (paroisse Saint-Eustache).
11° Jean-Baptiste Pagan, né à Lyon le 24 juin 1726 (paroisse Saint-Nizier).
12° Suzanne Pagan, née à Lyon le 8 juin 1727 (paroisse Saint-Nizier.).

XIII

Louis Pagan naquit à Lyon, le 29 juillet 1717 sur la paroisse Saint-Nizier. Le 26 août 1750, il épousait Jeanne Reverony, (1) fille de Joseph Reverony, bourgeois de Lyon, et de Françoise Berger.

Lyonnais, le 8 novembre 1671, fut un des fondateurs de l'Académie de Lyon, en 1700. Echevin de Lyon pour les années 1730 et 1731, ses armes sont : *D'azur au caducée d'or, surmonté d'un soleil de même.* Sa correspondance avec Boileau-Despréaux et ses commentaires des œuvres de ce poète, avec lequel il était très lié, lui ont acquis une place honorable parmi les érudits Lyonnais.

(1) La famille Reverony, probablement d'origine italienne, vint d'Avignon à Lyon vers 1576. En 1723 et 1724 un autre Joseph Reverony est échevin de la ville de Lyon. Ses armes sont : *De gueules au joug d'argent mis en fasce; au chef cousu d'azur chargé d'un soleil naissant d'or.* Le baron Jacques-Antoine Reverony-Saint-Cyr, écrivain militaire distingué, fait partie de cette famille, comme aussi le

Il eut neuf enfants, entre autres, Eléonore Pagan, mariée à Henri Stival, et Alexandre-Marie Pagan, son fils aîné, qui suit.

Louis Pagan, croyant probablement rappeler son origine italienne, adopta définitivement le nom de Pagani, au lieu du nom de Pagan, que sa famille portait depuis 1640 environ.

XIV

Alexandre-Marie Pagani, né à Lyon le 29 mars 1752, épousait à Saint-Georges-de-Reneins, le 1er avril 1789, Antoinette-Elisabeth Ajacques-Lagrange, fille de Pierre Ajacques-Lagrange, bourgeois de Villefranche en Beaujolais, et de Antoinette Clayette.

Antoinette-Elisabeth, née à Villefranche le 20 avril 1769, avait eu pour parrain son cousin, noble Pierre Clergeon, conseiller du roi et contrôleur ordinaire des guerres, et pour marraine Antoinette Guillot des Rues, épouse de Pierre Clergeon.

Alexandre-Marie eut deux enfants :

1° François Pagani, qui suit.

2° Anne-Louise Pagani, mariée à Charles Carre, notaire à Anse, dont trois filles :

1° Elisa Carre, mariée le 10 avril 1843 à Léon Tête, d'une famille originaire de Villefranche, en Beaujolais, dont :

a. Charles Tête, lieutenant au 22me de ligne, marié le 27 mai 1879 à Léonie Benoit, fille de N. Benoit, lieutenant-colonel, et de N. Perrier, dont postérité.

---

spirituel auteur d'un recueil de chansons en patois lyonnais. La famille Reverony est actuellement représentée, à Saint-Quentin (Aisne), par Monsieur Camille de Reverony ; à Verdun, par le colonel Anatole Reverony ; à Bayeux, par l'abbé Reverony, vicaire général, et, à Lyon, par Madame Sigismond Reverony, dont le petit-fils, Monsieur Louis Faidy-Reverony, nous promet de publier prochainement la curieuse généalogie de cette famille consulaire.

  b. Louis Tête.
  c. Victor Tête.

2° Aimée Carre, mariée à Jean-Baptiste Cordier (de Châlon-sur-Saône) dont :

  a. Antonia Cordier, mariée le 24 novembre 1868 à Joseph Ballefin, notaire à Saint-Haon-le-Châtel, dont postérité.

  b. Elise Cordier, mariée le 2 février 1869 à Félix Reyssié, d'une ancienne famille du Beaujolais, originaire du hameau de Reyssié, de la commune de Cercié, et héritière des biens et des armes de la noble famille de la Charrière (commune de la Chapelle de Guinchet). Reyssié porte : *D'argent à la charrue de sable.* Georges Reyssié, l'intrépide aide-de-camp du général Précy, était de cette famille. (Voy. : *Histoire politique et militaire du peuple de Lyon*, par Alphonse Balleydier. Paris. Curmer. 1846. tom. II, pag. 180.)

  c. Georges Cordier, avocat à Lyon.

3° Antonia Carre, mariée à Victor Gellon, dont :

  a. Francisque Gellon.
  b. Octavie Gellon.

XV

François Pagani, né à Saint-Georges-de-Reneins, le 16 septembre 1792, épouse, le 8 mars 1832, Eudoxie-Octavie Champestève, fille de Jacques-Philippe Champestève, d'Etoile en Dauphiné, et de Henriette-Victoire Caseneuve.

La famille Champestève (au treizième siècle, Champ d'Estève) était honorablement établie à Saint-Lager (Ardèche) vers 1700. Hyacinthe Champestève, président de la Cour d'appel, à Pondichéry, fait partie de cette famille.

François Pagani eut quatre enfants :

1° Joseph-Augustin-Octave Pagani, né le 2 janvier 1834 et décédé le 2 février 1882. Il repose dans le tombeau de la famille Pagani, à Chazay-d'Azergues (Rhône).

2° Antoinette-Philippine-Blanche Pagani, mariée le 1er mai 1858 à Ernest Bérard, dont :

Alexandre Bérard, magistrat à Lyon.

3° Pierre-Léopold Pagani, né le 17 décembre 1837, prêtre de la Congrégation des Missionnaires de Saint-Irénée de Lyon, chanoine honoraire de Verdun. Ce sont ses longues et patientes recherches, ses notes savantes et ses traductions fidèles qui nous ont permis d'établir l'histoire de cette famille, dont il est le dernier représentant.

4° Henriette-Victoire-Berthe Pagani, mariée, le 29 avril 1863, à Adrien Briandas, (1) fils d'Auguste Briandas et de Natalie-Célestine Segaud, dont :

a. Octavie Briandas.
b. Léopold Briandas-Pagani.

Branche des Pagani de Saluces

Le 19 décembre 1378, dans l'église des Pères Dominicains de Saluces, (2) devant l'autel de saint Pierre-Martyr, le marquis de

---

(1) Briandas porte : *De gueules, aux trois croissants d'argent posés 2 et 1, au chef cousu parti d'azur et de sable, à la croix tréflée d'argent brochante sur le tout.* Cette famille, établie à Montluel en 1770, y était représentée par François Briandas, avocat, qui épousa, le 22 novembre 1791, Jeanne-Sophie Nepple, fille de Joseph Nepple, avocat à Montluel, et de Louise-Marguerite Trumel.

(2) La ville de Saluces (Saluzzo) est située dans la province de Cuneo, à 68 kil. 1/2 de Turin.

Saluces, Federigo II, confie au recteur de l'hôpital le soin de distribuer pain et vin, le premier dimanche de chaque mois, aux pauvres du Christ; de telle sorte que quatre cents pauvres puissent avoir chacun une livre de pain et une mesure de vin pur, en foi de quoi a signé à l'acte constitutif de cette libéralité, entre autres, le médecin Domenico de Pagano. « Nous voyons, » dit Muletti, « mentionner, comme témoin de cet acte, le médecin Domenico Pagano, et, à ce propos, nous dirons qu'il fut la souche d'une famille illustre de Saluces, originaire de Mondovi. Selon Malacarne, notre historien, Domenico aurait été appelé à Saluces par le marquis Tommaso II. C'est pour cela que cette famille est connue et enregistrée sous les noms de Pagano et de Medico. (1) Sous ce nom surtout elle fut particulièrement célèbre, parce que ce fut ce Pagano médecin qui vint le premier, avec son père, établir sa demeure à Saluces. »

Le 25 avril 1379, Federigo II concède aux habitants de Saluces des droits de gabelle et de nouvelles franchises. L'acte est signé par les nobles témoins Ugonino de Saluces et maître Domenico Pagano, physicien de Mondovi, etc..., conseillers du marquis. Et Muletti « observe qu'en voyant Domenico appelé en témoignage dans tous les actes qui regardent directement le marquis, et toujours à ses côtés, nous sommes persuadés qu'il fut appelé à Saluces comme médecin de la famille des marquis de Saluces. »

Domenico Pagano aurait eu trois enfants :

1° Jacobo de Pagano. Le 13 juillet 1399, Tommaso III, marquis de Saluces, confirme toutes les franchises de la ville de Verzuolo, et ce sur la requête des syndics de cette ville, parmi eux figure Jacobo Pagano.

2° Giorgio de Pagano, autrement de Medico, conseiller du marquis, signe, comme témoin, le 16 mars 1402, un acte qui déli-

---

(1) Nei posteriori tempi questa famiglia s'inscriveva *altas de Medico*, sotto il qual nome era maggiormente conosciuta, perchè medico si fu il primo di quel casato che venne a stabilir la sua dimora in Saluzzo. (Muletti. *Storia di Saluzzo*. Saluzzo. Lobetti-Bodoni. 1830. Tome IV, page 140.)

mite les possessions du marquis de Saluces de celles des Visconti de Milan. Giorgio de Pagano est notaire, revêtu de l'autorité impériale en 1415, et c'est en cette qualité qu'il reçoit, le 5 octobre 1416, le testament du marquis de Saluces, Tommaso III.

Lobera dit qu'à cette époque la charge de notaire anoblissait, et qu'elle était exercée le plus souvent par des personnes appartenant aux plus nobles familles. (Lobera. *De l'antiquité de la cité de Mondovi*. Mondovi. Rossi. 1791. Page 110.)

3° Johanne de Pagano. En 1419, la princesse régnante Margherita, veuve de Tommaso III et de l'illustre famille de Roussy, fait son testament en présence de nobles et sages seigneurs Bergadano de Bonelli, Johanne de Pagano, etc. Dans un autre acte de 1427 (6 juillet), signé Lodovico I, comparaissent comme témoins Andrea della Chiesa, vicaire, et Johanne de Pagano, maître du palais.

Nous n'avons pu établir la filiation des Pagani de Saluces. Nous citerons donc seulement par ordre chronologique les personnages qui ont illustré cette branche.

——— Della Chiesa (1) cite Jordano Pagano de Saluces, abbé de Villars, (2) qui, en 1433, confirma les franchises des habitants de Villars, et qui parvint à terminer l'affaire des dîmes à Castigliare avec les seigneurs de ce lieu.

——— Giorgio de Pagano était, en 1444, lieutenant du podestat de Saluces. En 1450, nous le trouvons trésorier de la cour dans un compromis passé entre le marquis de Saluces et les habitants de Revello.

——— Suivant rescrit donné à Saluces le 20 août 1460, le mar-

---

(1) *Histoire chronologique* de Frà Agostino della Chiesa. Turin. 1645.
(2) L'abbaye de Villars, dédiée à saint Constant et à saint Victor, fut fondée par Aripert, roi des Lombards, en 713. Cette magnifique abbaye, placée sous le patronage des marquis de Saluces, était sous la juridiction des archevêques de Milan.

quis de Saluces, Federico I, déclare nobles douze familles de Saluces, et leur accorde le droit de préséance sur toutes les autres.

Parmi les représentants de ces familles privilégiées est nommé *Petrus de Pagani*. En relatant ce rescrit dans la *Couronne royale de Savoie*, Frà A. della Chiesa observe que ces Pagani sont originaires de Mondovi.

—— En 1480, sous le règne glorieux de Lodovico II, marquis de Saluces, Laurenzono de Pagano était procureur fiscal, (1) et c'est en cette qualité que, le 15 janvier 1482, Laurenzono signe le compte rendu de la Cour des comptes, le plus ancien, dit Muletti, que l'histoire possède. Le même Laurenzono, syndic et procureur de la ville de Saluces, se joint, le 13 avril 1482, aux habitants de cette ville, pour présenter une réclamation au marquis.

—— Le capitaine del Pagano défend en 1511, le fort de Fosso-Geniolo contre Raymond de Cardova, général espagnol. A la même époque, un Jacobo de Pagano était chanoine de la cathédrale de Saluces.

—— La ville de Verzuolo, en 1529, envoie comme ambassadeur au marquis de Saluces, pour lui jurer fidélité, Pagano de Pagano magistrat.

—— Le capitaine Gaspard Pagani fut nommé, en 1556, par le marquis de Pescaire, gouverneur de Vignal, (2) qu'il devait fortifier et défendre. Attaqué et vaincu par le maréchal de Brissac, couvert de blessures, et ne voulant pas survivre à sa défaite, il se jeta dans un puits.

Voici comment du Villars en ses mémoires, (3) raconte ce fait :

---

(1) Le procureur fiscal, un des magistrats les plus importants du marquisat, devait défendre les droits patrimoniaux des marquis, et percevoir leurs revenus.

(2) Vignal est une bourgade située sur une haute colline du Montferrat.

(3) *Mémoires pour servir à l'histoire de France.* 1re série, tome X, mémoires de du Villars, page 245.

« Leur gouverneur, Gaspard Pagan, pensant fuir la honte, se jecta blessé de vingt-quatre ou vingt-cinq coups dans un puits, tous lesquels, en ce pays montueux, ont de vingt à trente toises de corde... Ainsi que le combat de Vignal fut achevé, le mareschal entra dedans, et, passant au long du puits où le capitaine Gaspard Pagan, chef du lieu, s'estait jecté, il ouyt la voix et le bruict de ce pauvre seigneur et demandant ce que c'estait on lui dict son infortune. Il s'arresta tout court, et commanda lors qu'on luy dévalast des cordes pour le tirer et sauver. Mais, comme le malheur ne nous poursuit jamais pour une seule fois, il advint que ce pauvre seigneur étant déjà retiré à quatre pieds près du bord du puits que la corde se rompit et retomba à bas plein de vie. Toutefois, le mareschal repassa encore par là pour le voir et le consoler. On lui dict l'infortune, et lors ayant plus que jamais commisération de ce désastre, il fit apporter les cordes d'un canon avec un grand panier au bout qu'il fit dévaler à ce pauvre seigneur, qui à ce coup, fut tiré hors, si deffaict qu'il n'avait presque plus de sentiment. Le mareschal en eut tant de pitié, qu'il le fit porter en son logis, penser, médiciner et traicter, comme s'il eut esté son parent. De là à huit jours ayant un peu reprins ses esprits, il le renvoya sur une litière à bras au marquis de Pescaire, lequel en rendit graces infinies au mareschal, loüant la débonnaireté française. »

—— Faut-il compter parmi les Pagani de Saluces, Christoforo Pagano, capitaine, gouverneur de Santhia, vers 1584, et Antonio Pagano, jurisconsulte habile, qui fit paraître et imprimer à Venise en 1570 un ouvrage estimé, intitulé : *De ordine, jurisdictione et residentia episcoporum ?*

Della Chiesa : *Discorsi sopra le famiglie nobili del Piemonte,* (page 93,) dit « qu'une branche des Pagani de Mondovi s'est établie vers 1380 à Saluces, et qu'elle s'y est noblement alliée avec les Vacca, les Chiesa et les Orselli, (1) jusque vers l'an 1500. » Cette branche se serait donc éteinte vers cette époque ?

---

(1) L'honorable famille Orsel, de Lyon, illustrée par le peintre Victor Orsel,

Nous espérons que quelque savant Piémontais, curieux d'histoire locale, répondra à toutes nos questions en dressant la généalogie des Pagani de Saluces.

Pagani de Naples

Si les Pagani de Mondovi réclament timidement comme un des leurs *Hugo de Paganis*, (2) le grand-maître des Templiers, il en est autrement des Pagani de Naples. Ceux-ci ont de tout temps affirmé qu'Hugues était de leur famille, et les anciens historiens napolitains, en parlant des Pagani de Naples, soit par vanité patriotique, soit pour complaire aux représentants de cette noble et puissante maison, n'ont pas mis en doute l'origine napolitaine de ce fondateur d'un ordre si célèbre. De plus, Scipion Mazzella, dans sa *Description du royaume de Naples* (Naples, 1601, p. 763), parle d'un document de 1128, faisant mention d'un Hugues Pagano napolitain, avec le titre de *dominus*, et il en conclut qu'il s'agit du fondateur des Templiers; mais nous objecterons avec le professeur Raffaele Parisi, (3) que Mazzella n'avait pas en mains le titre dont il parlait, qu'il le citait de mémoire, et que la mémoire est femme.

Du Cange, dans son *Glossaire latin* (1678 environ), au mot « Templiers » résout la question ainsi : « Fr. Hugues de Pagani, dit aussi Payen, était originaire d'une famille du royaume de Naples, mais il était né aux environs de Troyes en Champagne. » Ce savant auteur conciliait de cette manière la tradition italienne avec la tradition française, qui veut que Hugues, issu d'une branche des comtes de

---

serait une branche des Orselli de Saluces. Les Orsel et les Orselli ont les mêmes armes : *D'or à l'ours rampant de sable*. Devise : *Deus in adjutorium*.

(2) C'est ainsi que le nomme, en latin, l'historien et témoin des Croisades, Guillaume de Tyr. Livre 12, chap. vii.

(3) *Dio e natura. Pensieri inediti di Mario Pagano, con cenni storici sull' origine nocerina dei Pagani del Prof. Raffaele Parisi.* Napoli. A. Tocco et Cia. 1885.

Champagne, ait tiré son nom d'un fief situé à peu de distance de Troyes, appelé aujourd'hui Payns.

La présence de Hugues Pagan au concile de Troyes, en 1128, pour faire approuver son ordre, et la mention de son nom, comme témoin honorable, en quelques actes de cette époque, ont permis aux érudits champenois et tourangeaux de le réclamer pour leur province. Faut-il s'étonner après cela si sept villes de la Grèce revendiquaient la gloire d'avoir donné le jour à Homère?

Pierre Dupuy, dans son *Histoire des Templiers* (Bruxelles, 1751), est pour la tradition italienne : « Hugues, » dit-il, « était issu du royaume de Naples. Un de ses arrières-petits-neveux, Blaise François, comte de Pagan, établi en France, a écrit son histoire, laquelle se trouve imprimée parmi ses œuvres, à Paris, l'an 1669. » (1)

Le comte de Pagan, auteur estimé d'un traité sur les fortifications, fut, non seulement l'historien de Hugues de Pagani, mais aussi le généalogiste de sa famille. C'est lui qui probablement a dicté à Pithon-Curt et à l'Hermite Souliers les pages consacrées, par ces auteurs peu véridiques, aux Pagani de Naples.

Nous aurions hésité à donner aux lecteurs un aperçu de ce mélange trop parfait de fable et de vérité, si nous n'avions eu, pour nous guider un peu en ce labyrinthe, l'excellent ouvrage moderne du professeur Raffaele Parisi. Ses recherches récentes aux sources, je veux dire aux archives, ont bien établi en même temps l'ancienneté, la puissance et l'extension des Pagani de Naples, dont nous voulons résumer l'histoire.

« L'an de Notre-Seigneur 764, les Bulgares proclamèrent pour leur roy Paganus ou Pagan, l'un de leurs capitaines, lequel se disposa de faire la guerre à l'Empereur à toute outrance. » (1) Lui mort, ses fils continuèrent, et, vaincus par les empereurs de Constantinople, les descendants du roi Paganus se retirèrent à la cour des rois de France, où ils occupèrent des places élevées dans l'armée.

---

(1) Voici le véritable titre de cet opuscule : *Divers ouvrages de M. le comte de Pagan, trouvés dans ses écrits après sa mort.* Paris. 1669. In-12.

(1) Dupleix. *Histoire romaine.* Tome III, page 874.

I

Leur descendant Albert de Pagan, vivait en France, « l'an de salut 980, » et l'armorialiste Boisseau, qui faisait remonter l'origine des armoiries à la création du monde, joint les armes d'Albert Pagan à celles des seigneurs de la cour d'Hugues Capet, les enregistrant : *Bandé d'argent et d'azur de six pièces, au chef de Bretagne.* (Ce chef de Bretagne, en souvenir du mariage d'Albert Pagan avec Albiera, nièce de Noël I, duc de Bretagne.)

La tradition à ce sujet est générale et constante; aussi faut-il remarquer que les diverses branches des Pagani de l'Italie méridionale, les Pagani de Nocera, de Naples, de Lucère et même de Brienza en Basilicate, ont une pièce d'hermine dans leurs armes en souvenir de leur origine bretonne. Puisque nous en sommes aux traditions, ajoutons qu'un lambel de gueules charge l'hermine de ceux de Naples, parce que Albiera était de la branche cadette des ducs de Bretagne.

Albert, Albertinus ou Albertin Pagan, vers l'an 987, s'associa avec Tancrède de Normandie pour venir combattre les Sarrasins en Italie. Il s'établit alors dans la province de Naples, aux environs de Nocera, et fonda un village du nom de Pagani (2) qui relevait de Nocera. Plus tard, le village devint municipe indépendant, et Nocera fut Nocera dei Pagani pour la distinguer des autres Nocera. Aujourd'hui Pagani est une ville de 15,000 habitants, et l'on y trouve beaucoup de familles ayant conservé le surnom de Pagano. Il en est de même dans la ville de Nocera dei Pagani.

A ce propos Raffaele Parisi relève l'erreur faite par Bescherelle dans son *Grand dictionnaire de géographie*, erreur faite par beaucoup d'autres géographes. Bescherelle dit, en effet, que le surnom de Pagani a été donné à Nocera à cause du séjour de dix mille Sarra-

---

(2) Pour la filiation, nous suivons l'ouvrage de Philibert Campanile: *Dell'armi, ovvero insegne dei nobili*, Napoli, Longo, 1610 ; et : *Naples Française, ou les éloges généalogiques et historiques des princes du royaume de Naples affectionnés à la couronne de France*, par le chevalier l'Hermite Souliers dit Tristan. A Paris, chez Martin. 1663.

sins, qui devinrent la terreur du pays, et dont le type s'est conservé dans les traits de la population; mais Parisi établit très bien qu'il y a eu confusion avec Lucera ou Nucera dei Saraceni (en Pouille), et que le nom de Nocera dei Pagani vient du voisinage et de l'importance du village des Pagani, qui, lui, portait le nom de ses fondateurs, membres de la famille Pagana.

II

Sigisbert Pagan vivait en 1038 et 1041. A cette époque les Pagani de Naples étaient inscrits au *sedile* de Porto. (1)

III

Pagano I de Pagan, baron de Forenza, en Basilicate, fait don, en 1084, de deux églises de sa ville de Forenza au monastère de la Trinité de Venosa. Il eut de sa femme Emma deux fils Diosigio ou Didier, qui suit, et Hugues le premier-grand maître des Templiers. (1)

---

(1) Dès le huitième siècle, la ville de Naples était divisée en trente *piazze*. Sur ces places se rassemblaient les nobles de chaque quartier, pour traiter et discuter des affaires de la ville. Plus tard, ils édifièrent des portiques ou enceintes appelées, en latin du temps, *sessiones* ou *sedilia*, d'où le nom de *sedili* qui fut donné aux assemblées de noblesse tenues sous ces portiques. Le roi Charles I (1265), réduisit les *sedili* au nombre de cinq pour la noblesse, et en institua un pour le peuple. Chaque *sedile* nommait un élu, et les six élus réunis composaient le *Corpo della città*. Les cinq *sedili* nobles portaient le nom du quartier où ils étaient situés, savoir : Capoana, Nido, Montagna, Porto et Portanova.

Le 25 avril 1800, les *sedili* furent supprimés, et le livre d'or de la noblesse napolitaine établi. Les nobles qui faisaient partie des *sedili* y furent inscrits, et en même temps un décret royal leur octroyait le titre de « patriciens de Naples. »

(1) D'après les généalogies, Hugues aurait eu encore deux autres frères, N. Pagan dit *Pancerna*, grand échanson du royaume de Jérusalem, et N. Pagan, grand Chancelier du royaume de Jérusalem. Les descendants de ce dernier, seigneurs de Napoli en Syrie (Naplouse), faillirent en Garnier de Pagan, qui laissa en mourant tous ses biens à l'ordre de Malte, dont il était grand-maître, en 1187. Les historiens de l'Ordre le dénomment seulement Garnier de Syrie.

IV

Diosigio ou Didier de Pagan, baron de Forenza, eut aussi deux fils, Pagano II qui suit, et Jean de Pagan, qui fut protecteur en Italie de la milice du Temple, fondée par son oncle. C'est en cette qualité qu'il assista à une donation faite en faveur de l'ordre, en 1158.

V

Pagano II de Pagan, sénéchal du royaume de Naples en 1170, eut pour fils Roger et Guillaume, qui suit.

VI

Guillaume de Pagan était seigneur de Prata en 1239, il eut un fils, Jean, qui suit.

VII

Jean de Pagan, chef des arbalétriers du royaume de Naples, grand feudataire de la province de Terre de Labour, fut baron de Santopadre, Cantalupo, Buccone, etc.

VIII

Antoine de Pagan, fils du précédent, baron de Prata, marié à Marie del Tufo, (2) en 1271, eut un fils Pierre, qui suit.

IX

Pierre de Pagan, marié à Cintia Miroballo, (les Miroballo, marquis d'Agropoli, ducs de Bracigliano et princes de Castellaneta,) dont Guillaume II.

---

(2) D'origine française, la famille *del Tufo* vint à Naples à la suite de Charles d'Anjou, qui lui octroya la seigneurie del Tufo. Jean del Tufo, marquis de Lavello, fut vice-roi de Calabre sous Frédéric d'Aragon.

X

Guillaume II de Pagan, baron de Prata (1315), marié à Marguerite de Gennaro, (1) dont trois enfants : 1° Eustache qui suit; 2° Jean, qui eut postérité; et 3° Mathie de Pagan, mariée à Philippe de Rocca-Romana. (2)

XI

Eustache, conseiller, ministre d'État et vice-roi de Calabre, en 1321, fut gouverneur et capitaine général de la principauté d'Acaja. En 1323, il était maréchal de toute l'armée du royaume de Naples. Il eut de sa femme, Diane Strambone, trois enfants : Simon, Zarlin et Philippe, qui suit.

XII

Philippe de Pagan, chambellan de la reine Jeanne Ire (1343), épousa Lucrèce de Raynaldo. Les Raynaldo, les Pagani, les de Filippis et les Ungaro étaient les quatre plus anciennes familles nobles de la ville de Nocera. Elles sont appelées et déclarées nobles, en 1473, par la Chambre royale de la *Summaria* de Naples, lors de la formation du *catastro* des biens et citoyens de la ville de Nocera.

XIII

Thomas de Pagan, fils du précédent, fut maréchal du royaume. Le roi Charles III lui fit don, pour les années 1381 et 1382, de 80 onces d'or, partie des droits perçus sur les soieries de Cosenza. En 1386, il fut nommé châtelain du château de Santeramo de Naples. Marié à sa cousine, Vandelle Pagano, il eut trois enfants :

---

(1) La famille de Gennaro est d'origine napolitaine. Elle se trouva à la fondation du *sedile* de Porto et signée aussi aux *sedili* de Capoana et de Montagna; César Gennaro fut vice-roi de Calabre en 1600.

(2) L'illustre famille *Caracciolo*, dont une branche eut la seigneurie et le titre de duc sur la terre de Rocca-Romana, est originaire de Naples. Albert Carracciolo fut grand-maître des Templiers.

1° Renzo, dont le fils unique mourut en bas âge ; 2° Nicolo, archevêque de la ville de Naples (1398-1426); et 3° Galéot, qui suit.

XIV

Galéot de Pagan, grand sénéchal du royaume, fut conseiller d'État du roi Louis II d'Anjou, qui lui accorda le privilège (1er juin 1398) de rappeler dans ses armes celles de France et de Jérusalem. (1) Galéot eut de sa femme, Catherine di Costanzo, sept enfants, savoir : 1° Paduano; 2° Louis; 3° Colantonio; 4° Paul, qui suit ; 5° Thomas, dont la branche des Pagan d'Avignon, qui sera donnée plus loin; 6° Pierre; et 7° Charles, dont la branche des Pagani, seigneurs de la Vétrane.

XV

Paul de Pagan, conseiller du roi Ferdinand I d'Aragon, puis capitaine et gouverneur des villes de Sorrente et de Manfredonia, épousa Zacharie Stanga, d'une noble et patricienne famille de la ville de Giovinazzo. Paul eut deux fils, Pierre qui suit et Vincent, dont la branche des marquis Pagano qui sera donnée plus loin.

XVI

Pierre IV de Pagan était ambassadeur en Hongrie, en 1489, et vice-roi du Principato, en 1496.

XVII

Fabio de Pagan, fils du précédent, marié à Isabelle Pignone, de la

---

(1) Les armes des Pagan de Naples sont : *Coupé au premier d'hermine, brisé en chef d'un lambel à trois pendants de gueules et au second bandé d'or et d'azur de six pièces, avec la bordure componée et alternée dix fois aux armes d'Anjou et de Jérusalem. Manteau et couronne de duc. Cimier un lion d'azur armé et lampassé de gueules.* Devise : *Fortior pugnavi*. — Une branche, dite de Salerne, porte : *Coupé au premier d'or, au second de gueules à trois fasces ondées d'argent.*

maison des marquis de Oriolo, eut deux fils, Mutio et César de Pagan, qui suit.

XVIII

César de Pagan, dont Hugues de Pagan.

XIX

Hugues de Pagan, duc de Terranova et de Castelluccio (investiture du roi Philippe IV, en 1621), n'eut pas d'enfants. Il laissa pour son héritière sa sœur, Tella, qui apporta à son mari, Marius Rosso del Barbazzale, les biens et les titres de son frère Hugues. La famille Rosso (Rossi, de Rossi, Rubeis, de Rubeis), est originaire de Basilée. Elle compte des grands d'Espagne et un chevalier de l'Ordre de la Toison d'Or.

Branche des Pagan d'Avignon

I

Thomas III, fils de Galeot, eut trois fils, César, Jean-Baptiste et Thomas IV qui suit.

II

Thomas IV eut deux fils, Decius et Ferdinand qui suit. Dans la chapelle des Pagani, en l'église de Saint-Pierre, martyr, à Naples, Ascanius, fils de Decius, fît élever un cénotaphe en l'honneur du grand maître des Templiers. Nous en donnons ici l'épitaphe que nous croyons inédite.

D. O. M.
Hugoni Pagani
sub Gothofredo Lotharingiæ principe
sacro bello inter primates
virtute consilio ac pietate
ter inclito ac maximo
ordinis Templariorum equitum fundatori
ac prothomagno magistro
Ascanioque Pagano
Decii filio
ad gentiles præclarissimi memoriam immortalem
atque æternum familiæ decus
quincentesimo quinquagesimo post anno
monumentum hoc molienti
sed fati necessitate præerepto
Carolus Andreas et Alfonsus filii
paternæ pietatis hæredes
postumum lapidem
a parente optimo incohatum expolitumque
P. P.
A. D. CIƆIƆLXX.

A la mémoire d'Hugues Pagan, fondateur et premier grand maître de l'ordre des chevaliers Templiers, qui, pendant la guerre sainte, sous Godefroy de Lorraine, fut, entre les princes, trois fois grand et remarquable par son courage, sa sagesse et sa piété, — et à la mémoire d'Ascagne Pagan, fils de Decius, qui, pour conserver l'immortel souvenir de cet homme illustre et d'éternelle gloire pour sa famille, lui élevait ce monument après cinq cent cinquante ans, lorsqu'il fut enlevé par le fatal destin. — Ses fils, Charles, André et Alphonse, héritiers de la piété paternelle, mirent la dernière pierre à ce que leur excellent père avait laissé inachevé, l'an du Seigneur 1570.

III

Ferdinand de Pagan, chassé de Naples par la guerre civile, en 1552, vint en France avec le prince de Salerne et plusieurs seigneurs napolitains. Accueilli à la cour du roi Henri II il fut gentilhomme de la Chambre du roi, et, plus tard, lieutenant de la Compagnie des gens d'armes du connétable de Montmorency, puis gouverneur de la ville et du château de Beaucaire. Il se maria, à Avignon, avec Marie de Merle, dont il eut un fils, Claude, qui suit, et trois filles : 1° Marie, mariée, en 1587, à Jérôme de Meyran, seigneur d'Ubaye et de Saint-Vincent, d'une ancienne et illustre famille d'Arles en Provence ; 2° Isabelle, mariée, suivant contrat du 17 décembre 1591, à Guillaume d'Anselme, capitaine d'une compagnie d'arquebusiers à cheval, sous le connétable de Montmorency, fils de Pierre d'Anselme, gouverneur de Tarascon et de Marie des Achards ; 3° Madeleine de Pagan, abbesse du couvent de Sainte-Claire d'Avignon.

IV

Claude de Pagan, pendant sa jeunesse page à la cour d'Henri III, puis, plus tard, lieutenant de la Compagnie des gens d'armes du commandeur de Montmorency, était le plus habile cavalier de son temps dans les tournois et les courses de bagues. En 1602, il épousa Marguerite de Coucils, dame, en partie, de Merveilles en Provence, fille de Pierre de Coucils-Agasin et de Clémence de Guilhens. Il eut un fils, Blaise de Pagan, qui suit, et trois filles : 1° Marie de Pagan, fille d'honneur d'Anne d'Autriche, religieuse aux dames de Saint-Dominique, dites de la Croix, au faubourg Saint-Antoine, à Paris ; 2° Isabelle de Pagan, mariée à François de Jeannis, d'une famille originaire de Florence ; 3° Anne de Pagan, mariée à Sébastien de Surrac, chevalier, seigneur de La Verdache.

V

Blaise-François, comte de Pagan, naquit à Remies, près de Marseille, en 1604. Dès l'âge de 16 ans, il prenait part au siège de Caen et à la bataille du Pont-de-Sé. En 1621, il assista aux sièges de Saint-Jean-d'Angély, de Clérac et de Montauban, où il reçut un coup de mousquet qui lui fit perdre l'œil gauche. Il était aussi au grand et fameux siège de la Rochelle (1627 et 1628). En 1629, au passage des Alpes et aux barricades de Suze, il entreprit, à la tête des Enfants perdus des Gardes, d'arriver le premier à l'attaque par un chemin particulier. Ayant gagné le haut d'une montagne escarpée, qui aboutissait à la place, il se laissa glisser le long des rochers, en criant : « Voici le chemin de la gloire. » Ses compagnons le suivirent et forcèrent les barricades. Louis XIII, charmé de cette action héroïque, la raconta avec beaucoup de complaisance au duc de Savoie, en présence de la cour. En 1630, il était au siège de Montmeillan, et, en 1633, au siège de Nancy, où il traça, avec le roi Louis XIII, les forts de circonvallation. Il allait partir pour le Portugal comme maréchal de camp, lorsqu'il devint aveugle (1642). Il s'adonna alors aux mathématiques, à l'astronomie et même à l'astrologie. Son ouvrage intitulé : « *Les Fortifications* du comte de Pagan, Paris, 1545, » eut une grande renommée, et l'anglais Sterne, qui écrivait son *Tristram Shandy*, en 1759, le cite avec les plus célèbres et les meilleurs traités qu'on ait publiés sur cette matière. Cet ouvrage est « dédié à très illustre et très excellent seigneur, don Hugues de Pagan, duc de Terranova, au royaume de Naples. » (Comme chef de la maison de Pagan, ainsi qu'il est dit dans le cours de la dédicace.) (1)

Blaise Pagan publia, en 1654, ses *Théorèmes géométriques ;* en 1655, une *Relation historique et géographique de la grande rivière des Amazones*

---

(1) Cette dédicace, longue et curieuse, donne la paraphrase des armes des Pagan qui sont gravées sur la première page du livre. Les armes des Pagan d'Avignon se lisent : *Bandé d'or et d'azur, au chef d'hermine brisé d'un lambel de gueules, à la bordure componée de Naples-France et de Jérusalem. Cimier : une tête d'homme au naturel, des oreilles de laquelle sortent deux serpents aussi au naturel. Manteau et couronne ducale.* Il est à remarquer que ces armes sont les mêmes que celles des Pagan de Naples, excepté le chef devenu *premier coupé.* Nous avons rencontré souvent cette transformation pour les armes françaises traduites par les héraldistes italiens.

dans *l'Amérique*, ouvrage rare; en 1657, la *Théorie des Planètes*, et en 1658, des *Tables astronomiques*.

Il mourut à Paris, le 18 novembre 1665, âgé de 62 ans. Son tombeau est dans l'église des religieuses de la Croix, au faubourg Saint-Antoine.

Branche des marquis Pagano.

I

Vincent Pagano, fils cadet de Paul, (degré XV de ceux de Naples,) fut général des armées de la seigneurie de Venise. Marié à Catherine Sifola, d'une noble et très ancienne famille de la ville de Trani, (2) il eut cinq fils : Jean-Paul, qui suit, César, Jean-Baptiste, Jérôme et Thomas. Ce dernier, habile jurisconsulte, fut nommé par le pape Paul IV *auditor di Ruota*, c'est-à-dire membre du Conseil suprême de la sainte Eglise, et par bref du même pape, le 25 août 1557, il fut créé marquis du Saint-Empire romain, lui, ses descendants directs et collatéraux. Il mourut sans postérité.

II

Jean-Paul Pagano, marié à Camille d'Angelo, (3) eut cinq fils : Vincent, Jules, qui suit, Fabrice, Achille et Galéas.

---

(2) Dans l'église de Saint-Pierre de Trani se lit l'épitaphe suivante : « Jacet hic Joanna, Cleti filia, de stirpe generosa Sifolorum, anno 1048. » En 5570, Scipion Sifola fut chevalier de justice de l'Ordre de Malte.

(3) La famille d'Angelo, grecque d'origine, descendrait de l'empereur Isaac Angelo. Elle a formé plusieurs branches à Naples, à Amalfi et en Sicile.

III

Jules Pagano alla combattre en Flandre, et y mourut. De sa femme, Lydie d'Aldemoresco, (1) il avait eu un fils, Pyrrhus, qui suit, et une fille, Marguerite, mariée à Godefroy de Morra, prince de Morra.

IV

Pyrrhus, (2) marié à Jéromine d'Avanzo, (3) vivait à Gaëte en 1664. Nous donnons ici le dénombrement authentique de sa famille :

Grande Archivio di Napoli, — 3° ufficio. — Napoli, 10 marzo 1859. Certifico che, esaminato il volume dei fuochi di Gaeta in terra di Lavoro, segnato col n° 73 dell'anno 1664 nel medesimo al foglio 119, leggesi cosi : Don Pirro Pagano del quondam (4) Giulio anni 50 ; = donna Geromina d'Avanzo, del quondam don Giovan-Battista, anni 40 ; = don Domenico, figlio, anni 18 ; = don Camillo, figlio, anni, 14 ; = don Giuseppe, figlio, anni 12 ; = don Carlo, figlio, anni 11 ; = don Francesco, figlio, anni 7 ; = don Filippo, figlio, anni 4 ; = donna Albina, figlia, anni 13 ; = don Antonio, figlio, anni 21 ; = donna Vittoria Gallucio (5) del quondam don Vincenzo, anni 19 ; = don Mario, figlio, anni 4 ; = don Camillo, figlio, anni 3 ; = Vincenza Cavalliero di Giuseppe di Nola in capillis, serva, anni 18 ; = Alessandra Fedele del quondam

---

(1) En lutte avec les Paléologues, la famille d'Aldemoresco se réfugia en Italie, et fut inscrite au *sedile* de Nido.

(2) Philibert Campanile donne la généalogie jusqu'à Jules, fils de Jean Paul. Aussi, à partir de Pyrrhus, nous citons les preuves et les actes qui nous ont permis de poursuivre cette filiation jusqu'à nos jours.

(3) Les d'Avanzo, anciens feudataires de la vieille Campanie, étaient possessionnés à Naple et à Gaëte. Attardo d'Avanzo fut châtelain et gouverneur de Gaëte en 1500.

(4) Le mot *quondam* placé entre deux prénoms se rencontre fréquemment dans les actes ou les notes généalogiques. Il signifie : « fils de feu. » *Pirro del quondam Giulio* : « Pyrrhus fils de feu Jules ».

(5) La noble maison française de l'Hôpital, dont sont issus les maréchaux de Vitry et d'Hallier, serait une branche des Galluccio, très ancienne famille inscrite au *sedile* de Nido.

Nicola, serva in capillis, anni 19; = *Camilla Pagano bastarda di detto in capillis, anni 17;* = *Cavaliere Napolitano notorio.* = *Il capo del 3° Uffizio,* firmato : *Giuseppe Lezzi.* — *Visto. Il soprintendente generale degli archivi,* firmato : *Granito.*

V

Antoine Pagano fut nommé le 2 mars 1675 *eletto nobile* de la ville de Naples, comme chevalier inscrit et jouissant de la noblesse de la *Piazza nobile* ou *sedile* de Porto. De sa femme Victoire Gallucio, il eut sept enfants, entre autres Nicolas, qui suit.

VI

Nicolas Pagan, baptisé le 10 février 1670, en la paroisse de Saint-Jean *in Porta*, à Naples, épousa le 15 juin 1716 (*parrochia di S. Anna di Palazzo*) Séraphine Faggioli-de-Neri-Bonsi, dont il eut deux fils : Michel, qui suit, et Pyrrhus Antoine décédé sans postérité.

VII

Michel Pagano, baptisé le 17 juillet 1721, en l'église de Sainte-Anne de Palazzo, fut gouverneur pour le roi Ferdinand IV de la ville de Tarente, et obtint, le 10 janvier 1782, confirmation pour lui du bref de 1557, (1) en prouvant sa descendance collatérale du

---

(1) Voici la teneur littérale de ce titre : « Pius PP VI. — Ego infrascriptus Joannes Baptista, miseratione divina et apostolicæ Sedis gratia diaconus, cardinalis Rezzonicus, prosecretarius de brevibus sanctæ romanæ Ecclesiæ, jussu Sanctitatis suæ summi regnantis Pontificis, expono et patefacio quod sequitur : Idem summus Pontifex benigne postulationibus annuebat dominorum e Paganorum gente. Ex hac enim familia, magnificus dominus Michael Paganus et fratres equites et Patricii Napolis et Nuceriæ, ad pedes solii Pontifici prostrati, titulum nobilitatis suæ impetraverunt. Itaque omnibus has litteras inspecturis declaro quod prædicta familia et nominatim Thomas Paganus a summo Pontifice Paulo IV, Carrafa, patentes obtinuit litteras, quibus idem magnificus Thomas, doctor, eques Neapolitanus, consiliarius et sacræ Rotæ auditor, Marchionibus sacri romani Imperii inserebatur, ita ut transmitteret honorem etiam descendentibus et collateralibus, apposito privilegio sub die XXV martis in festo SS. Virginis Annunciationis anno MDLVII. Datum Romæ apud S. Petrum, sub annulo Piscatoris, die IX Januarii MDCCLXXXII, Pontificatus nostri anno septimo. *Signé :* J. B., card. Rezzonico. »

marquis Thomas Pagano. Il épousa, le 12 août 1748, Claire-Joséphine de Sales-y-Diaz, (1) dont il eut trois fils : 1° Dominique, décédé sans postérité ; 2° Antoine-Pierre-Joseph, moine de l'Ordre de Saint-Benoît, dans la Chartreuse de San-Martino, sur la colline de Naples, et 3° Louis-Emmanuel, qui suit.

VIII

Louis Emmanuel, baptisé le 6 novembre 1763, gouverneur pour le roi Ferdinand IV de la ville de Lecce, épousa, le 27 novembre 1795, en l'église métropolitaine de Palerme, Marie Clémence Arighetti. (2) Il en eut un fils, Philippe-Marie qui suit. Louis Emmanuel, décédé le 14 novembre 1801, repose dans l'église de Santa Maria della Porta à Lecce.

IX

Philippe-Marie Pagano, baptisé le 2 septembre 1797, dans l'église de Saint-Jean *de Tartaris* à Palerme, élève de l'ancienne école Polytechnique de Naples, fut ingénieur et capitaine du génie militaire. Il est l'auteur d'une *Histoire du royaume de Naples*, publiée en partie et devenue très rare. Des difficultés d'un ordre tout politique l'empêchèrent d'achever la publication de cet ouvrage. On lui doit aussi, entre autres œuvres de science militaire, une étude estimée sur la *Fortification des places fortes*. Il épousa, le 11 janvier 1844, à Castellamare di Stabia, diocèse de Naples, Marie Mele. (3) Il en eut deux

---

(1) La famille de Sales est originaire de la Savoie. Le saint évêque d'Annecy François de Sales est une de ses gloires. Cette famille fut héritière d'une branche de la très illustre maison Diaz de Castille, qui se vante d'avoir donné le jour au célèbre Rodrigue Diaz, surnommé le *Cid*.

(2) En 1197, Compagno Arrighetti était consul souverain de la ville de Florence. Un fils de Guillaume Arrighetti, intendant général des forteresses du grand duc de Toscane, vint s'établir à Marseille vers 1660, sous le nom de *Riqueti* et *de Riqueti*. Son descendant Thomas fut le premier seigneur de Mirabeau. En Marie Clémentine, épouse de Louis-Emmanuel Pagano, faillit la branche des marquis Arrighetti établie à Palerme depuis quatre siècles.

(3) La famille Mele se trouve à la formation du *sedile* de Porto. François Mele fut conseiller du roi Alphonse I d'Aragon, et son fils Décius, sous le même roi, fut châtelain du château del Capuano de Naples.

fils et une fille : 1° Charles Pagano, élève du collège militaire, était capitaine d'artillerie lorsqu'il mourut en 1884, âgé seulement de 37 ans; 2° Alfred Pagano, né à Naples le 20 novembre 1849; et 3° Marie-Anne Pagano.

Pagan de Susinana

Philibert Campanile veut que les Pagani de Susinana soient une branche de ceux de Naples, et l'Hermite Souliers les rattache sans scrupule à Paganus II (Vme degré). Il les fait descendre de Roger, dont Gauthier, dont Pagano de Posterla. Nous faisons volontiers comme Pompée Litta, (1) qui, dans le doute, s'abstient, et nous suivrons ce savant auteur pour la filiation.

I

Pagan, seigneur de Susinana et de Posterla, se réunit, en 1185, aux nobles du comté de Faenza, pour appeler à leur secours contre la ville guelfe de Faenza, Bertoldo, vicaire impérial.

II

Pierre, gibelin, comme le précédent, eut à se défendre, en 1208, contre la commune de Faenza, qui attaqua l'état de Susinana, et lui brûla le château de Castiglione.

III

Pagan (II) s'empare du château de Saint-Adrien en 1235.

IV

Pierre II, gibelin, comme ses ancêtres, chassa, avec le secours

---

(1) Pompée Litta, l'auteur de la *Storia delle famiglie celebri d'Italia* (1819-1852), observe que Pagan de Posterla était probablement un descendant de ce Pierre de Pagan qui, avec son frère et les premiers habitants de Faenza, comparaît dans un acte du 23 avril 1045, par lequel les chanoines de l'Eglise Majeure rappelaient d'importantes donations qui leur avaient été faites. Un autre document de 1080 cite Théodoric, Pierre et Aigolo, fils de Pagan de Azzo, agissant du consentement de leur mère Guilla.

d'Azon d'Este, les Bolonais maîtres d'Imola (1272). Il fut podestat d'Imola pendant un an.

V

Mainardo Pagano, héritier et successeur de Pierre Pagano, était comte de Posterla et de Suzinana, seigneur d'Imola, de Forli, de Faenza et de Césène. Il guerroya toute sa vie. Chassé de Faenza par les Guelfes (1290), Mainardo y rentra victorieux, et fut acclamé *capitaine du peuple*. En 1292, s'étant ligué avec son parent Alidosio, il s'empara de la ville d'Imola, qui était retombée au pouvoir des Bolonais. Depuis cette époque, la famille d'Alidosio maintint son autorité à Imola jusqu'en 1424. (1)

Le Dante n'aimait pas Mainardo, aussi dans son *Enfer*, chant 27, (2) le poète, déplorant les malheurs de la Romagne, s'écrie :

> La cité du Lamone et celle du Santerne
> Ont pour chef le lion à la blanche caverne
> Qui change de parti de l'hiver à l'été.

Faenza s'élève près du fleuve Lamone, comme Imola sur les bords du Santerne, et, parce que Mainardo était tantôt guelfe et tantôt gibelin, suivant les circonstances favorables, le Dante ne pardonne pas ces changements de parti au lion « à la blanche caverne, » allusion aux armes de Mainardo, qui sont : *D'argent au lion d'azur*. (3) Dans son *Purgatoire* (chant 14), le poète arrivé au cercle des envieux y rencontre Guido del Duca de Brettinoro, qui passe en revue les grandes familles de la Toscane et de la Romagne, et Guido de dire :

> Les Pagani pourront bien mériter peut-être,
> Quand on verra leur Diable au tombeau disparaître.
> Mais leurs noms ne seront jamais tout à fait purs.

---

(1) Voy. *Généalogies historiques*. Paris, Giffart, 1736. Tome II, page 533.

(2) *L'Enfer du Dante*, traduit en vers par Louis Ratisbonne. Paris, Michel Lévy, 1854. — *Le Purgatoire*, ibid., 1856.

(3) Comme rapprochement curieux, M. Raffaele Parisi nous fait remarquer que Pagano della Torre, fondateur de la maison *della Torre*, de Milan, avait *vexillum cum leone*.

Ce *diable des Pagan* c'est Mainardo,(1) qui mourut le 28 août 1302. De sa femme, Mingarda della Tosa, Mainardo, avait eu deux filles : 1° Andréine, mariée à Octavien degli Ubaldini de Senni, et dont la fille, Marzia, épousa François degli Ordelaffi, seigneur de Forli ; 2° Françoise, mariée à François Orso des Orsini, d'une illustre et puissante famille romaine.

Pagani du Nivernais

I

Les de Pagani, seigneurs de La Chaise, de Saint-Parise-le-Châtel et d'Ugny, tirent leur origine de Pagan de Pagany, qui vint d'Italie s'établir en France, en 1579, et fut gouverneur de la ville de Saint-Léonard, en Nivernais, « portant la qualité de noble et d'escuyer. » (2) De sa femme, Perrette Le Moyne, Pagan de Pagany eut un fils qui suit.

II

Noble homme, Estienne de Pagany, demeurant au lieu et maison de La Chaume, paroisse de Cernon, épousa, le 16 janvier 1603, Marie Salomon, suivant contrat de même date reçu par Me Perreau, notaire à Nevers.

---

(1) Tel est l'avis des auteurs italiens et particulièrement d'Antonio Volpi. (*Annotations sur le Dante*. Venise, Molinari, 1819.) Mais la légende littéraire voudrait que ce surnom ait été donné à un Stefano Pagani, qui aurait fait partie d'une bande de jeunes débauchés italiens. Ceux-ci, au nombre de douze, avaient vendu leur patrimoine et fait une bourse commune, dans laquelle ils puisèrent sans mesure jusqu'à ce qu'il ne resta plus rien. Ils tombèrent alors dans une affreuse misère, moururent dans l'impiété et furent damnés. Le Dante leur consacre ces vers ironiques qu'il met dans la bouche de Capocchio de Sienne :

> Fais une exception pour la bande si digne
> Où Caccia dissipa ses grands bois et sa vigne
> Où l'Abbagliato dépensa tant d'esprit. (*Enfer*, ch. 29.)

(Voir : *Dernières nouvelles de Prosper Mérimée*. Paris. Michel Lévy. 1874.

(2) Bibliothèque nationale. Département des Manuscrits. Cabinet des titres, n° 448. (*Nobiliaire de Berry*, page 301.)

III

Jean de Pagany, fils du précédent, écuyer, seigneur de La Chaise, épousa, le 15 août 1631, Michelle de Bargedé, fille de noble homme Estienne Bargedé, seigneur des Granges et de Vernizy, et de dame Jeanne de Baugy. (Contrat reçu par M⁰ Perrot, notaire royal à Corbigny.)

IV

Claude de Pagany fut baptisé le 18 avril 1649. Écuyer, seigneur de La Chaise et substitut du Procureur général au Parlement de Paris, il obtint, le 1ᵉʳ octobre 1680, des lettres de relief faisant mention « que sa famille est noble et qu'elle tire son origine d'une des plus illustres de la *Romagnie* en Italie. » En foi de quoi Claude de Pagany crut devoir écarteler ses armes de celles de la maison napolitaine, confondant ainsi en une seule famille tous les Pagans italiens. Claude eut de sa femme, Apolline Catherine Rolland, un fils, qui suit.

V

Jean-François de Pagany, baptisé le 13 août 1670, épousa Anne Bernot. Sa descendance nous est inconnue.

A l'assemblée des États généraux de 1789, pour le Nivernais et le Donziois, se firent représenter par mandataire Claude de Pagani, chevalier et seigneur de La Chaise, et dame Marie-Françoise Dechamp de Saint-Léger, veuve de Pagani, dame de Précy, Cherault et autres lieux.

Les armes de cette famille sont : *D'argent, à deux lions d'azur affrontés, soutenant de leurs pattes de devant un casque d'acier surmonté d'une fleur de lys de gueules.* (1)

Pagan d'Argental

Le Campanile et ses copistes rattachent bien les Pagan d'Argental à la grande famille napolitaine, mais cette fois les dates ne concor-

---

(1) *Armorial du Nivernais*, par le comte de Soultrait. Paris. Pidron. 1847.

dent pas, et la soudure est brisée ; bien plus, l'acte passé à Rivarolo et une certaine analogie entre les armoiries des Pagan d'Argental et celles des Pagani de Mondovi nous autorisent à croire, de préférence, en une origine piémontaise.

Quelles sont donc les armoiries des Pagan d'Argental?

Les auteurs Foréziens, peu d'accord entre eux, leur en attribuent trois, et, comme nous devons tenir compte des découvertes modernes sur l'apparition des armoiries, (1) il faut leur donner aussi les armes attribuées aux d'Argental. (2) La famille des d'Argental, éteinte vers 1150, ne peut avoir eu d'armoiries, les premières ayant apparu vers 1175.

Au dernier siècle, l'abbé de La Goutte, chanoine de Montbrison, découvrit, près la chapelle du château de Grézieu-le-Fromental, une pierre sculptée, représentant les armes des Pagan d'Argental : *D'or à trois têtes de maure de sable.* Dans la chapelle, se trouvait une boîte d'argent doré sur laquelle était représenté saint Austrégésile, dont la poitrine était ornée des mêmes armes, modifiées cependant par *un chef d'argent, chargé d'un lion gisant de sable, tenant une épée dans la gueule.* Il y avait encore dans cette chapelle un buste de vermeil représentant saint Clair, abbé, orné de ce même écusson que l'on a retrouvé aussi sculpté sur une pierre de taille du château de Grézieu. (3)

Nous croyons que ce sont là les véritables armes des Pagan,

---

(1) L'apparition des armoiries n'eut lieu que dans le dernier tiers du XIIe siècle, sous le règne de Louis VII, en France, d'où elles passèrent en Angleterre et en Allemagne. (Voy. *Essai sur l'origine des armoiries féodales*, par A. de Barthélemy. Poitiers. 1872. — *Le blason d'après les sceaux du Moyen-Age*, par M. G. Demay. Paris. 1876. — *Armoiries des comtes de Forez*, par le baron de Rostaing. *Revue lyonnaise.* Lyon. 1882.)

(2) Les seigneurs d'Argental étaient les successeurs des Arostagni. Artaud I d'Argental eut pour fils Adhémard d'Argental, qui fut le père d'Artaud II. Artaud II, le dernier de sa race, transmit son nom et ses armes à Aimon I Pagan, *qui nupserat dominæ d'Argento hæredi.* (Voy. *Cartulaire de Saint-Sauveur-en-Rue*, par le comte de Charpin-Feugerolles et C. Guigue. Lyon. Louis Perrin. 1881.)

(3) *Documents pour servir à l'histoire du Forez*, par M. de Lupé. *Revue du Lyonnais.* Lyon. 1866. (3e série. 1 vol.)

ou d'un Pagan, et dans ces armes parlantes nous retrouvons les trois têtes de maure de l'écusson des Pagani de Mondovi. Disons cependant de suite que l'on ne peut attacher grande importance à cette rencontre. La plupart des familles portant le nom de Payen, comme celles dont le nom commence par la syllabe *mor* (Morin, Moreau, Morizot, Maurel), ont des têtes de maure dans leurs armes. Il se peut bien qu'il n'y ait là qu'une coïncidence expliquée par le goût que les héraldistes ont toujours eu pour les armes parlantes. (1)

Les notes du *Cartulaire de Saint-Sauveur-en-Rue* et M. de Lupé, d'après l'abbé Seytre, donnent pour armoiries des Pagan : *D'or, semé de croisettes de gueules, à un lion rampant de même*. En parlant de cet écusson, l'abbé Seytre (1743) dit : « L'on voit, au-dessus de la porte de la ville qui conduisait au faubourg supérieur, les armes des Pagan, anciens seigneurs de Bourg-Argental. » Nous ne pensons pas que l'on puisse être aussi affirmatif. Ces armes peuvent être celles du fief d'Argental, ou de la ville de Bourg-Argental, (2) ou d'une famille alliée aux Pagan. Elles peuvent de plus avoir été individuelles et prises par un Pagan.

Un autre écusson *d'or au lion d'azur*, porté par les Pagan d'Argental, nous étonne davantage. Steyert (3) et de Lupé l'attribuent aux d'Argental. Étant établi que cette famille n'a pas eu d'armoiries, nous ne pouvons pas ne pas nous rappeler *le lion d'azur* des Pagani d'Imola, ce « lion à la blanche caverne, » dont parle le Dante. En effet, le lion d'azur n'est point commun, et sa rencontre pourrait peut-être diriger utilement des recherches plus savantes du côté de Faenza et d'Imola, pour y découvrir l'origine des Pagan d'Argental.

On aurait déjà constaté le passage des Pagani en Dauphiné et dans

---

(1) Pierre Pagan, avocat à Grasse, porte : *D'or à trois têtes de maures de sable, tortillées d'argent*, 2 *en chef et* 1 *en pointe*. (Armorial général d'Hozier, 1697. — Provence, tome I, page 223.)

(2) Les armes actuelles de Bourg-Argental sont : *D'or au lion d'azur accompagné d'une couronne et de trois fleurs de lys d'or*. P. Gras, dans l'*Armorial général du Forez*, dit que ces armes ont été composées vers 1830.

(3) Dans son *Armorial du Lyonnais, Forez et Beaujolais*, A. Steyert blasonne : *D'or au lion d'azur armé, lampassé et couronné de gueules*.

la Haute-Provence, et, en poussant plus loin, on les retrouve à Rivarolo en Piémont : *Alamannus Paganus et Guigo* figurent, en 1155, comme témoins, dans un acte passé à Rivarolo en présence de Frédéric I, roi des Romains. Par cet acte, Berthold IV, duc de Bourgogne, cède au dauphin, Guigues V, tous ses droits sur la ville de Vienne en Dauphiné.

Les noms des deux frères paraissent à côté des noms de plusieurs princes de l'Empire. L'on en peut conclure qu'ils occupaient un rang élevé, et, malgré la mauvaise lecture de la Charte n° 96, (1) le prénom de Guigues et la présence du Dauphin nous autorisent à les considérer avec M. de Gallier (2) comme parents d'Aymon I Pagan.

Mais l'écusson *d'or au lion d'azur* nous réserve un autre étonnement. Il est attribué, dans les galeries de Versailles, à Hugues de Payen, premier grand-maître et fondateur de l'Ordre des Templiers. Hugues mourut en 1136. Il n'eut donc pas d'armoiries. Mais, si on lui a attribué les armes des Pagan d'Argental, c'est que la tradition le rattachait à cette famille. Cette fois, les auteurs foréziens n'hésitent pas et donnent même des détails. Le P. Odo de Cissey (3) dit que Hugues de Pagan était natif du Vivarais, « d'un chasteau proche de Verines, prieuré dépendant de celui de Macheville. » Vérines ou Veyrines est une section de la commune actuelle de Saint-Symphorien-de-Mahun. Sonyer du Lac (4) nous apprend que « Hugues de Payen était fils de Willelme de Payen, seigneur de Miribel-de-Meys et de Cuzieu en Forez, et qu'il était frère d'Arthaud Payen, qui

---

(1) Voy. A. Steyert. *Notice bibliographique sur le « Cartulaire de Saint-Sauveur-en-Rue. »* (*Revue lyonnaise*, décembre 1881.)

(2) Monsieur Anatole de Gallier, dans son étude consciencieuse et savante sur *les Pagan et les Retourtour*, nous a donné la suite généalogique des Pagan d'Argental. Nous en ferons ici l'analyse sommaire et renvoyons pour de plus amples détails à cet ouvrage, qui a été publié par la Diana, en 1875, dans son recueil de *Mémoires et documents sur le Forez*. Saint-Etienne. Chevalier. Tome II.

(3) *Histoire de N.-D. du Puy*, par le Père Odo de Cissey, 1644. 3e édition.

(4) Sonyer du Lac. *Observations sur l'état ancien et actuel des Tribunaux de justice de la province de Paris*. Paris. 1781. En tout cas, Sonyer du Lac fait erreur pour le père de Béatrix d'Argental, fille d'Artaud II. Adhémar, père d'Artaud II, était le grand-père de Béatrix et non son père.

épousa Béatrix d'Argental, fille unique et héritière d'Adhémar d'Argental. » Parmi les modernes, A. Broutin (1) fait remarquer que le fondateur des Templiers était de la famille des Pagan de Meys et de Cuzieu, et il ajoute que c'est peut-être à son influence ou à son souvenir qu'il faut attribuer les fondations de cinq commanderies dont on retrouve les ruines et les souvenirs dans le Forez, entre autres à Marlhes et à Saint-Cyprien, localités situées à quelques kilomètres de Cuzieu et de Bourg-Argental.

Malgré ces affirmations qui ne sont pas, il faut bien l'avouer, des preuves historiques, A. de Gallier ne veut pas reconnaître dans le grand-maître des Templiers un Pagan d'Argental. Il objecte, entre autres, que le prénom de Hugues eût reparu, selon l'usage du temps, de génération en génération, tandis qu'on ne le rencontre pas une fois. Nous pouvons lui répondre que le fils portait le prénom de son père ou de son grand-père (2) et non celui d'un oncle appartenant à un ordre religieux. De plus nous avons trouvé un Hugues Pagan, vivant en 1292, quatrième fils, croyons-nous, de Guigues III.

Quoi qu'il en soit, nous sommes loin de considérer cette question comme résolue, et laissons à Sonyer du Lac la responsabilité de ses assertions.

Voici la filiation certaine des Pagan d'Argental, telle qu'elle a été établie par A. de Gallier :

I

Aimon I Pagan, marié à l'héritière des seigneurs d'Argental, était seigneur de la terre d'Argental-en-Forez, qui comprenait Burdigne, Vanosc, Riotord, La Faye, Saint-Genest et probablement Mahun et La Vocance.

En 1174, Aymon Pagan et sa femme, dame d'Argental, par le

---

(1) Auguste Broutin. *Histoire des couvents de Montbrison, avant 1793*. Saint-Étienne. Montagny. 1876.

(2) Avant le Xe siècle, les noms de famille n'étaient point en usage, mais l'habitude que l'on prit peu à peu de donner au petit-fils le nom de son grand-père y suppléait, et servait à distinguer les races. Cet usage s'étant fixé à la longue d'une manière constante, les noms patronymiques en résultèrent.

conseil de Robert, archevêque de Vienne, libèrent le prieuré et la ville de Saint-Sauveur de toute exaction et de toute mauvaise coutume, défendent sous peine de malédiction à leur fils Guigues et ses héritiers de faire aucun mal et aucune violence aux habitants, et confirment toutes les concessions faites jadis aux religieux par Artaud d'Argental. (*Cartulaire de Saint-Sauveur-en-Rue.*)

Aimon I eut trois enfants :

1° Guigues I Pagan, qui suit.

2° et 3° Deux filles mariées à Hugues et à Gaudemard de Montchal, fils d'un autre Gaudemard, seigneur de Montchal, issu de la maison de Jarez.

Le *Cartulaire de Saint-Sauveur-en-Rue* relate l'accord fait en 1168 entre Aymon Pagan, Hugues et Gaudemard de Montchal, au sujet du château de Montchal et de la ville de Saint-Sauveur. Comme garantie de paix, Aymon Pagan donne ses deux filles en mariage à Hugues et Gaudemard.

II

Guigues I Pagan, du consentement de sa femme, Faine (Faina), concède, en 1190, le lieu dit des Chanabairils, avec ses habitants, à l'église de Saint-Sauveur, et confirme toutes les donations faites par son prédécesseur, Artaud d'Argental, au monastère de Saint-Sauveur-en-Rue, et ce en expiation des violences qu'il avait exercées contre ladite église et de six cent quarante sous qu'il lui avait extorqués. (*Cartul. de Saint-Sauveur.*)

Le même Guigues I Pagan, dit le Doux, fait donation, en 1195, au prieuré de Saint-Sauveur (il s'apprêtait à faire le voyage d'Outremer) de Montgilier et de cens en blé et en argent à lever à Montgilier et à Aiguebelette. Il reçoit en retour 24 livres de la monnaie de Vienne, un mulet du prix de 10 livres et une coite de duvet. (*Cartulaire de Saint-Sauveur.*) Guigues I accompagne Philippe-Auguste à la troisième croisade, et prend part à la prise de Saint-Jean-d'Acre. Ses trois enfants sont :

1° Guigues II Pagan, qui suit.

2° Aimon Pagan, chanoine de Vienne-en-Dauphiné. Vivait en 1244.

3° Artaud Pagan, abbé de Sainte-Marie de Cruas (Ordre de Saint-Benoît, diocèse de Viviers) et prieur de Saint-Sauveur-en-Rue.

Il était déjà prieur au mois de septembre 1226. Dans presque tous les actes qui restent de lui, de janvier 1241 à février 1251, il se qualifie : « abbé de Cruas et prieur de Saint-Sauveur. »

III

Guigues II Pagan n'eut qu'un fils :
Guigues III Pagan, qui suit.

IV

En novembre 1242, Gaucerand Gaste, Arnaud de Sablon, chevalier d'Argental, et Jourdain, clerc d'Annonay, rendent une sentence arbitrale entre Guigues III Pagan d'Argental et son oncle, Artand Pagan, abbé de Cruas et prieur de Saint-Sauveur. Toute juridiction sur la ville de Saint-Sauveur est attribuée au prieur. Les sentences prononcées par sa cour contre les homicides seront mises à exécution par Guigues Pagan. (*Cartulaire de Saint-Sauveur.*)

Le 18 avril 1245, suivant acte passé au château de Vocance (in castro Valcanciæ), Guigues Pagan fait donation à son oncle Artaud Pagan et à son monastère d'un champ situé près de Bourg-Argental. Guigues III mourut en 1270. Sa femme Ruphe, qui lui survécut, eut pour douaire le château de Vocance.

Guigues III eut six enfants :

1° Guigues IV Pagan, qui suit.

2° Aimon II Pagan, seigneur de Mahun, dont nous parlerons à l'article V *bis*, après son frère Guigues IV.

3° Pons Pagan, chanoine de Vienne en 1272.

4° N. Pagan, marié à N. de Miribel. N'est-il pas cet Hugues Pagan, chevalier, qui, en 1292, fait hommage à l'évêque du Puy (1)

---

(1) Tous les hommages faits par cette famille à l'évêque du Puy sont extraits du *Répertoire général des hommages de l'évêché du Puy, publié par Adrien Lascombe.* Le Puy, Bérard-Rousset, 1882.

du château d'Hulmet, du village de Reverolles et de ce que tiennent de lui Durand Torte, noble Ponce de Poujols et Guillaume de Vachère, au château de Monistrol? En ce cas, il serait mort sans enfants, car la fille de Guigues IV fait le même hommage.

5° Renaude Pagan, abbesse, en 1292, de Clavas, abbaye royale cistercienne, située sur la paroisse de Riotort.

6° Alix ou Alaisie, religieuse au monastère de Clavas.

V

Guigues IV Pagan, seigneur d'Argental, la Faye, Saint-Symphorien-le-Château et Mays, possédait les paroisses de Bourg-Argental, Saint-Genest-Malifaux, Saint-Julien-Molin-Molette, et jouissait du revenu de la terre de Tuest. Il mourut en 1295.

De son épouse Marguerite Mays, fille de Guillaume, seigneur de Mays-en-Forez, il eut un fils :

Guillaume Pagan, décédé avant 1292.

Guigues IV, veuf de Marguerite de Mays (1292), se remaria avec Peleta de Clermont, qui n'est pas mentionnée dans la généalogie des de Clermont.

Guigues IV laissa pour son héritière universelle sa fille Béatrix. (On ne sait si elle est du premier ou du second lit.)

Béatrix Pagan épousa, en 1292, Jacques Jacquemet ou Jacquemard de Jarez, fils de Gaudemard II, seigneur de Jarez, (1) et de Béatrix de Roussillon-Annonay. (2) Se voyant sans enfant, Béatrix

---

(1) Béatrix de Roussillon-Annonay était elle-même fille de Béatrix de la Tour (de la troisième maison Delphinale), fondatrice de la Chartreuse de Sainte-Croix-en-Jarez.

(2) M. de la Tour-Varan fait remonter l'origine de cette famille à la confiscation du vicomté de Lavieu. D'après lui les seigneurs de ce nom, très puissants en Jarez, s'y cantonnèrent, pour se défendre contre les comtes de Lyon et de Forez, devenus leurs ennemis. Ils y réussirent au moyen de nombreuses forteresses qu'ils construisirent, et alors cette branche aînée, abandonnant le nom de Lavieu, aurait pris le nom de Jarez. Presque tous les forts châteaux de cette petite contrée furent possédés par des Lavieu. Saint-Chamond, Rochetaillée, Feugerolles, Roche-la-Molière, Cornillon, Saint-Priest furent toujours au pouvoir simultanément des

Pagan fait, en 1299, donation conditionnelle à son oncle Aimon II Pagan des châteaux d'Argental, La Faye et Vocance, ainsi que du fief de Montchal.

En 1311, noble Jacquemet, seigneur d'Argental, reconnait tenir en fief de l'évêque du Puy le château d'Hulmet, le village de Reverolles, le fief que tiennent de lui, à Chanal, Durand Torte et Ponce de Pouzols et le fief que tient de lui Guillaume de Vachère dans le château et mandement de Monistrol.

Le 6 octobre 1319, même hommage par noble et puissant seigneur Jacques d'Argental.

Le 4 novembre 1319, ratification faite par noble dame d'Argental et de Jarez, laquelle ratifie et confirme ledit hommage dans tous ses points. Le 2 septembre 1336, transaction entre Béatrix, dame d'Argental, et Gui de Vassel, prieur de Saint-Sauveur, au sujet de la juridiction de la ville et du mandement de Saint-Sauveur. (*Cart. de Saint-Sauveur*). Le 8 mai 1339, vente par Béatrix, dame d'Argental, à Gui Guinamand, curé de Vaucance, de 2 deniers tournois de cens dus sur une vigne, sise dans le vignoble de Vaucance, dit du Colombier, et sur une autre vigne située au lieu dit Sur-Rive, et ce au prix de 50 sous tournois. (*Cart. de Saint-Sauveur.*)

V bis

Aimon II Pagan, second fils de Guigues III, eut par un partage de famille, en 1272, les seigneuries de Mahun, Satillieu, Seray, Sarras et Ozon, puis, par la donation que lui en fit sa nièce Béatrix, la seigneurie d'Argental.

Le 27 novembre 1281, transaction entre Artaud de Mastre, prieur de Saint-Sauveur, et Aimon Pagan, seigneur de Mahun, au sujet d'une forêt située entre la Roche-de-Vent et une autre forêt de l'hôpital d'Annonay, au-dessus de Crozet. — Gaudemard de Montchal, chevalier, et Renaud de Fayn, damoiseau, en qualité d'arbitres désignés par les parties, ordonnent la division de la forêt.

Lavieu et des Jarez. Les véritables armes de l'ancienne maison de Lavieu, seraient : *D'or diapré de gueules, à la bande engrelée de sable;* et, d'après l'*Armorial du Forez de P. Gras*, Jarez porte : *Parti d'azur et d'argent, à la fasce de gueules.*

Le premier testament d'Aymon II est daté de mars 1283. Marié avant 1272 avec Béatrix de Mays, sœur de Marguerite de Mays, épouse de son frère Guigues IV, Aymon II eut une fille :

1º Marguerite Pagan (nommée aussi quelquefois Ruphe), mariée à Géraud Bastet, seigneur de Crussol, fils de Ponce Bastet, damoiseau, seigneur de Crussol, et de Alix de Roussillon.

Les seigneurs de Crussol portent : *fascé d'or et de sinople.* Géraud Bastet, II du nom, eut de son mariage avec Marguerite Pagan, qui vivait en 1321, un fils : Jean Bastet, seigneur de Crussol, marié à Béatrix de Poitiers, fille de Guillaume de Poitiers et de Luce, dame de Beaudiner. (Voy. pour la généalogie le père Anselme. Tome III.)

Aymon II épousa en secondes noces Adhalasie du Tournel (suivant contrat du 4 des ides d'août 1295). Elle était fille d'Odilon Guerin II, seigneur de Tournon, de l'illustre maison de Chateauneuf-Randon. Il en eut une fille :

2º Raymbaude Pagan, (appelée aussi Baude ou Baudonne,) mariée en 1308 à Odon V, seigneur de Retourtour, Beauchastel et Desaigne, fils d'Arman II, seigneur de Retourtour, et de Maragde de Châteauneuf. Les Retourtour portaient : *d'azur à la croix d'argent.*

En 1304, hommage par Odon de Retourtour, fils émancipé d'Armand de Retourtour, à l'évêque du Puy des mas Bancel et Seyturas et de la moitié de onze mas dans la paroisse de Riotord.

En 1319, même hommage par le même à messire Durand, évêque du Puy. Il reconnaît en outre tenir en fief le mas de Pierregourde, ce qu'il a au mas de Planchard, à l'exception de ce qui lui est venu de la succession de son père, savoir : le château et bourg de Dunières, qu'il dit relever du roi.

En 1328, hommage à Bernard, évêque du Puy, comme en 1319, par noble Rambaude, veuve d'Odon de Retourtour et tutrice de ses enfants.

Dont, entre autres :

Briand II de Retourtour, l'héritier universel de son cousin Guigues V, le dernier des Pagan (testament du 23 février 1362). Le 9 août 1365, transaction entre Agidius de Montaigu, prieur de

Saint-Sauveur, et Briand, seigneur d'Argental, par laquelle est confirmé l'accord fait en 1336, entre Béatrix, dame d'Argental et le prieur Gui de Vassel.

En 1368, noble Béraud (Briand) de Retourtour, seigneur d'Argental, fait hommage à l'évêque du Puy, comme le fit en 1311 noble Jacquemet d'Argental. De son mariage avec Jeanne de Beauvoir, Briand II eut deux filles :

a Alix de Retourtour, qui, conformément au testament de son père, fut dame d'Argental, Mahun, Seray, Empurany, etc. Elle fut mariée, le 17 juin 1376, à Jacques, seigneur de Tournon. Alix mourut sans postérité. Son mari hérita d'elle et se remaria à Catherine de Giac.

b Dauphine de Retourtour, qui fut mariée à Jacquemet de Roussillon, seigneur de Tullins, de la branche des seigneurs d'Anjou.

En 1299, Aimon II épouse en troisièmes noces Alix de Clermont, la jeune. (1)

Dont :

3° Jean Pagan, qui suit.

Aimon II eut quatre enfants naturels : deux fils, Andrevet et Poncet, et deux filles, Fontanèse et Guigonne. Cette dernière épousa Guigon de Seray.

VI

Jean Pagan, seigneur de Mahun, Seray, Satillieu, Sarras, Ozonen-Vivarais et de Dionay en Dauphiné, combattit à Varey (7 août 1325), sous les étendards de Guigues VIII du Dauphiné contre Edouard de Savoie. Son testament est du 26 juin 1341.

Il avait épousé, le 3 janvier 1317, Florie de Poitiers, « fille de noble et puissant homme feu le seigneur Guillaume de Poitiers,

---

(1) Alix de Clermont est surnommée la *jeune*, pour la distinguer de sa sœur nommée également Alix, mariée à Guy de Montluel, seigneur de Chastillon. Toutes deux étaient filles d'Aynard I, seigneur de Clermont, Saint-Geoire, Virieu, etc., et d'Alix de Thoire et Villars.

seigneur de Chaneac et baron de Fay, et de Luce de Beaudiner (Belsdinar) en Velay. » (1)

Dont :

Guigues V Pagan, qui testa, le 23 février 1362, en faveur de Briand II de Retourtour, son cousin et tuteur. Il mourut en 1379. C'est en Guigues V que faillit la maison des Pagan d'Argental.

—— De la Tour-Varan dit qu'une branche des Pagan avait possédé les seigneuries de Fontanès Chatelus et Cuzieu-en-Forez, et A. de Gallier croit qu'à ce rameau appartenait Artaud Pagan, chanoine de Montbrison et juge du Forez au XIVe siècle. Doivent aussi se rattacher aux Pagan du Forez, Jeanne Pagan, qui selon Lachesnaye des Boys aurait épousé Aynard, seigneur de Bressieu, et Guillaume Pagan, possessionné aux environs de Chalançon en Vivarais, mariée à Allemande de Geys.

Dans son *Armorial du Dauphiné*, (2) Rivoire de la Bastie constate l'établissement des Pagan d'Argental en Dauphiné, au baillage de Saint-Marcellin ; il les nomme Payen, seigneurs de Meyrins ou Merins, Argentenant, Daonnay ou Dionay ; les reconnaît venus du Vivarais, et, après avoir cité Jean Payen de Virieu, en Vivarais, seigneur de Meyrins, qui combattit en 1326 à Varey, il dit que cette famille s'éteignit par deux frères : Guigues Payen, seigneur d'Argentenant, et Berton Payen, vivant en 1350.

Rivoire de la Bastie donne, comme pouvant bien avoir quelque affinité avec les Pagan d'Argental, les Payan ou Payen du Dauphiné, qui prétendent être aussi d'origine italienne. Cette dernière famille dont l'*Armorial du Dauphiné* donne la généalogie, paraît au comté Venaissin avec Philibert de Payan qui testa le 26 août 1495

---

(1) Guillaume de Poitiers était fils d'Adhémar de Poitiers, comte de Valentinois, et sa femme, Luce de Beaudiner, était fille de noble Guillaume de Beaudiner (Beaudiner, commune de Saint-André-des-Effengeas, canton de Saint-Agrève, Ardèche). De Valentinois, de la maison de Poitiers, porte : *D'azur à six besants d'argent, trois deux et un, au chef d'or.*

(2) *Armorial du Dauphiné*, par G. Rivoire de la Bastie. Lyon, Louis Perrin, 1867.

et fut enseveli dans l'église paroissiale de Saint-Martin de Visan, près de Valréas au diocèse de Saint-Paul-Trois-Châteaux. Ce Philibert de Payan est l'auteur commun des Payan de l'Hostel, Payan de l'Estang, Payan du Moulin et Payan de Saint-Martin. Les armes de Philibert de Payan sont : *D'azur au chevron d'or accompagné de trois molettes de même.*

Pagan de Toulouse

Lachesnaye des Boys, dans son *Dictionnaire de la Noblesse* (Paris, A. Boudet, 1776), donne une note généalogique sur les Pagan de Toulouse, qui, dans les divers actes les mentionnant, sont nommés en latin *Pagani*, *Pagano* et en français *Pagan*.

« En 1117, Hugues de Pagan et Geoffroy d'Adhémar, tous deux gentilshommes de Toulouse, fondèrent l'Ordre des Templiers. » Lachesnaye des Boys n'en dit pas davantage et il ajoute pour toutes preuves : « Un Hugues et Bertrand de Pagan rendirent hommages de leurs fiefs au roi en 1170. » Voilà encore une question historique toute posée aux savants Toulousains, mais non résolue.

La filiation des Pagan de Toulouse n'est établie qu'à partir de Guillaume, fils d'Arnaud Pagan, qui vivait en 1562. Leurs armes sont : *D'azur, à quatre barres d'argent, deux lions de sable passans l'un sur l'autre, brochant sur le tout.*

——— Maintenant que nous avons esquissé sommairement (1)

---

(1) En effet, nous n'avons pu mentionner les innombrables familles Pagani qui florissent encore en Italie, et nous avons dû négliger bien des notes. Du reste nous n'étions pas autorisés par le plan de cet ouvrage à en faire une *monographie paganienne*. Cependant nous devons citer encore ici une famille de Novarre, qui se rattache probablement à ceux de Mondovi, elle est actuellement représentée par : 1º Joseph Pagani, chirurgien en chef de l'hôpital de Novarre ; il fut nommé le 20 mars 1860 chevalier de la Légion d'honneur par Napoléon III, en reconnaissance de soins donnés et de services rendus aux blessés français ; et 2º Giovanni Battista Pagani, directeur du séminaire épiscopal de Novarre, auteur d'un ouvrage de spiritualité très estimé : *L'Ame dévote devant la sainte Eucharistie*. Paris, Louis Vivès, 1874.

l'histoire de ces grandes familles, qui toutes prétendaient à la même gloire, nous devons rappeler que nous les croyons volontiers *diramées* d'une souche commune.

Nous y avons été amenés surtout par la tradition constante d'une origine française, pressentie par les Pagani de Mondovi qui se réclament du vicomte d'Auriate, vicaire de Charlemagne, revendiquée par ceux de Naples, qui descendent de Paganus, seigneur de la cour d'Hugues Capet, et enfin affirmée par ceux d'Argental, compagnons des dauphins du Viennois.

Cela est contraire, il est vrai, à la méthode historique moderne, et, si nous voulons la suivre, nous ne pouvons constater qu'une seule chose, c'est qu'à la même époque et par hasard, un prénom, souvenir de l'invasion sarrasine, est devenu, comme d'usage, le nom patronymique de quatre ou cinq grandes familles ; que de plus il n'a pas été possible jusqu'ici de découvrir aucun lien qui les relie entre elles.

Certes, cette méthode est rationnelle et prudente, mais elle a trop de mépris pour la tradition. Celle-ci est quelquefois menteuse, mais elle n'est, le plus souvent, que le reflet de la vérité, et, quand nous la retrouvons, tenace et se poursuivant à travers les âges et les climats, nous l'acceptons comme un indice qu'il faut noter précieusement.

Ces pages n'ont pas eu d'autre but et nous avons voulu réunir en même temps les pièces favorables d'un procès qui sera jugé peut-être par des chercheurs plus heureux et plus savants.

F. Breghot du Lut.

www.ingramcontent.com/pod-product-compliance
Lightning Source LLC
LaVergne TN
LVHW021726080426
835510LV00010B/1161